Moritz | Schlager. 100 Seiten

*** Reclam 100 Seiten ***

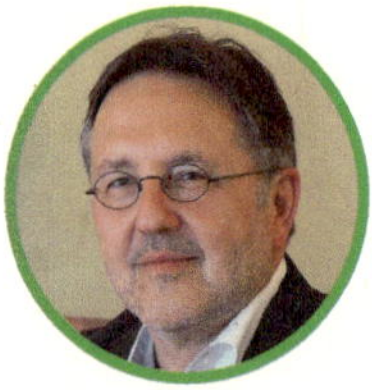

RAINER MORITZ, geb. 1958 in Heilbronn, ist Essayist, Literaturkritiker und Autor zahlreicher Bücher, darunter zuletzt bei Reclam *Udo Jürgens. 100 Seiten* und *Das Jahr in Büchern. Literaturtipps für jeden Tag*. Von 2005 bis 2025 leitete er das Literaturhaus Hamburg. Über seine Faszination für Schlager sagt er, es sei »besser, zu seinen Geschmacksverirrungen zu stehen«.

Rainer Moritz

Schlager. 100 Seiten

Reclam

3., aktualisierte Auflage 2026

2017 Philipp Reclam jun. GmbH & Co. KG,
Siemensstraße 32, 71254 Ditzingen
info@reclam.de
Umschlaggestaltung: Philipp Reclam jun. Verlag GmbH
nach einem Konzept von zero-media.net
Umschlagabbildung: FinePic®
Infografiken (S. 16 f., 36 f., 42 f., 52 f.):
Schwochow Visual Stories GmbH, Berlin
Bildnachweis: Autorenfoto © Gunter Glücklich
Umschlagmaterial: Creative Print, Schabert
Druck und Bindung: Elanders Waiblingen GmbH,
Anton-Schmidt-Straße 15, 71332 Waiblingen
Printed in Germany 2026
RECLAM ist eine eingetragene Marke
der Philipp Reclam jun. GmbH & Co. KG, Stuttgart
ISBN 978-3-15-020440-5
reclam.de

Für mehr Informationen zur 100-Seiten-Reihe:
reclam.de/100Seiten

Inhalt

Laugenbrezel, Bill Ramsey und *Der kleine Prinz*

Auch Leidenschaften entstehen, irgendwie und irgendwann. Und wenn sich im Nachhinein nicht mehr exakt bestimmen lässt, wann genau sie ihren Anfang nahmen, dann ist die Fantasie gefordert, sich einen symbolischen Startpunkt auszudenken. Mein eigentümliches Interesse für den Schlager setzte ein – und dies gilt für die meisten Interessen –, ohne dass ich es bemerkte. Das Phänomen zeigte sich erstmals ohrenfällig an einem Samstagmorgen in einem Einzelhandelsgeschäft meiner Heimatstadt Heilbronn, bei Bäcker Käser. Dorthin wurde ich, wohl im unschuldigen Alter von acht oder neun Jahren, ausgeschickt, um den familiären Frühstückstisch mit dem zu bereichern, was ein schwäbischer Wochenendauftakt auf jeden Fall benötigt: Laugenbrezeln und Laugenweckle.

Gut zweihundert gefahrlose Meter galt es zurückzulegen, ehe das solide Fachgeschäft an der Ecke Schiller-/Goethestraße erreicht war. Was dort, zur Freude und Erheiterung der reichlich anwesenden Kundschaft und der tresenfüllenden Bäckersfrau, geschah, zeugt von einer musikalischen Früherziehung, die unter strengen pädagogischen Gesichtspunkten mit einigen Fragezeichen zu versehen ist: Ich brachte im Laden, offenkundig ohne größeres Lampenfieber, Bill Ramseys seinerzeit sehr populäres Lied *Pigalle* (»… das ist die große Mausefalle mitten in Paris«) zu Gehör. Natürlich hatte ich keinerlei Vorstellung, um welche Art von Etablissement es sich dabei handelte oder warum Interpret Ramsey, der häufig mit originellen Schlagern hervortrat, dieses als gefahrvollen Ort bezeichnete. Es mag im Rückblick bedenklich erscheinen, dass ich früh eine Neigung zum moralisch zweideutigen Liedgut entwickelt habe; unter ökonomischen Gesichtspunkten freilich – und diese sind in Schwaben nie von der Hand zu weisen – erwies sich der samstägliche Morgenauftritt als lohnendes Unternehmen: Ich wurde für die schwungvolle Darbietung mit einer Extra-Brezel bedacht, ganz »umsonscht«.

Man muss versuchen, die Wurzeln von obskuren Neigungen zu erfassen; nur so lässt sich verstehen, warum sich ein junger Mensch in den späten sechziger und siebziger Jahren für einen Ausschnitt der Alltagskultur interessierte, der von Gleichaltrigen mit Hohn und Spott bedacht wurde. Sich mit den Verlautbarungen eines Rex Gildo, einer Mary Roos oder einer Juliane Werding zu beschäftigen galt in diesen Jahren (und das Vorurteil hält sich zum Teil bis heute) als Zeichen geistiger Zurückgebliebenheit. Deutsche Schlager zu hören, regelmäßig die *ZDF-Hitparade* oder Ilja Richters *Disco* (und das nicht wegen Suzi Quatro oder The Sweet) einzuschalten, damit ließ sich kein Staat und kein Eindruck machen. »Wie die Seele ihre Leidenschaften an falschen Gegenständen auslässt, wenn die richtigen ihr fehlen«, ist einer der Essays von Michel de Montaigne überschrieben, und gewiss ließe sich unter sozialpsychologischem oder ideologiekritischem Blickwinkel (der damals selbst in Heilbronn existierte) ergründen, weshalb sich ein jugendliches Gemüt wie meines derartigen

Verirrungen hingab … doch ehrlich gesagt hatte ich dazu noch nie Lust. Es ist besser, zu seinen Geschmacksverirrungen zu stehen.

Zurück zu Bill Ramsey und Bäcker Käser: Show-Einlagen dieser Art fallen nicht vom Himmel. Wer *Pigalle* oder zumindest dessen Refrain aufs Linoleum eines Ladengeschäftes hinlegt, muss zuvor im häuslichen Kreis manches gehört haben. Meine erste Platte gehörte mir nicht. Sie entstammte der dunkelbraunen Musiktruhe meiner Eltern und war die Langspielplatte *Die große Polydor-Schlagerauslese 1964/65*, die die großen deutschen Hits jenes Jahres versammelte. Ich habe keine Ahnung, warum mir diese Blütenlese (das Wort Sampler kam erst später) in die Hände fiel und warum ich mir dessen Nummern so genau anhörte. Geblieben ist die festsitzende Erinnerung an einige der Titel, zum Beispiel an den heute in der tiefsten Versenkung verschwundenen Charles Hickman, der *Jeder geht seinen Weg* singen durfte. Oder an Sacha Distel, den Franzosen mit der unglaublich französischen, vibrierend einschmeichelnden Stimme, der den *Frauenfreund* beschwor – glaube ich. Oder an Freddy Quinn, einen Lieblingssänger meines Vaters, der auf dieser LP mit einem unbekannteren Lied, *Abschied vom Meer*, vertreten war, das freilich einprägsame Textzeilen bereitstellte.

Kinder sprechen oft Wörter aus und nach, deren Sinn ihnen vollkommen unverständlich ist. Wie ich Jahre brauchte, um die – im Prinzip schlichte – Etymologie des Wortes »Autobahn-Zubringer« zu begreifen, so blieben mir Freddys dunkle Verse »Abschied vom Meer, von Wolken, von Winden, von Sternen …, von Häfen, vom Flaggenhof im Wind, von Kameraden, die unvergessen sind« rätselhaft. Was oder wer ist ein »Flaggenhof«? Einem meer- und hafenfern aufwachsenden

Kind war das nicht einsichtig, und erst Jahre später, beim Wiederhören, verflüchtigte sich der Zauber dieses Substantivs, und ich musste erkennen, dass der Silben verschleifende Freddy keineswegs das Areal einer wohlgeordneten Fahnen- und Flaggenansammlung, sondern vielmehr »Flaggen hoch im Wind« im Blick hatte.

Der allerwichtigste Fund auf dieser Platte war für mich Connie Francis, deren flatterndes italo-amerikanisches Timbre *Lass mich gehn* forderte, das traurige, entschlossene Abschiedslied einer Frau, die nicht länger Spielball (»Es war nur Liebelei, / dein Herz war nie dabei«) eines leichtfertigen Mannes sein möchte. Abschied gab es, das ist unschwer zu erkennen, reichlich auf dieser Polydor-Langspielplatte. Neben Freddy war – die Erinnerung kommt beim Schreiben – auch Ivo Robić zu hören, mit *Rot ist der Wein*, der deutschen Version von *Spanish Eyes*. Freddy und Ivo Robić, diese Namen standen bei meinem Vater hoch im Kurs, weil er sich nie davon abbringen ließ, dass Schlagersänger über gesangliche Fähigkeiten zu verfügen hatten. Interpreten mit einer »guten Stimme« erregten sein Wohlgefallen, und so kam es, dass er auch die Lolitas, Nana Mouskouris und Karel Gotts freudig aufnahm. An dieser Stelle setzte bald kindlicher Widerstand ein, denn ich fühlte mich hingezogen zu Sängern, deren Brüchigkeit im Vortrag mehr schillernderen Reiz besaß als der glatte, vermeintliche Wohlklang der väterlichen Favoriten. Für meinen Vater brach die schwerste Zeit in den Siebzigern an, als mehr und mehr ausländische Erzeugnisse den deutschen Bildschirm okkupierten. Figuren wie Smokie, Joe Cocker oder gar Bonnie Tyler, die, wie mein Vater nicht müde wurde zu betonen, das Mikrofon verschlucken musste, um sich Gehör zu verschaffen, konnte er nichts, rein gar nichts abgewinnen. »Die hat ja überhaupt keine

Stimme«, lautete sein knappes Urteil, verbunden mit der Verwunderung, dass dergleichen heutzutage erlaubt sei und sogar gesendet werde.

Die Gleichzeitigkeit des Ungleichzeitigen

Ernst Blochs Buch *Erbschaft dieser Zeit*, entstanden zwischen 1924 und 1934, analysiert in Anbetracht des nahenden Faschismus den Niedergang des traditionellen Bürgertums. Seine Formel von der »Gleichzeitigkeit des Ungleichzeitigen« als Epochenbeschreibung wird bis heute in philosophischen, soziologischen und feuilletonistischen Schriften aufgegriffen, um, grob gesagt, das Phänomen zu beschreiben, dass sich ein gesellschaftlicher Zustand aus vielen heterogenen Momenten zusammensetzt, aus überkommenen und neuen Strömungen, die gleichzeitig nebeneinander existieren und miteinander konkurrieren. Wer diese Einsicht ernst nimmt, versteht auch Menschen besser, die merkwürdigen, dem Zeitgeist widerstreitenden Neigungen nachgehen.

Konkret: Meine neugierige Anteilnahme am deutschen Schlager der siebziger Jahre stieß bei Mitschülern auf blankes Unverständnis. Zwar hatte ich mich seit meinem Bill-Ramsey-Auftritt in gewissem Maße entwickelt und begann allmählich eine ironisch gefärbte Beschäftigung mit dem Sujet an den Tag zu legen, doch weit, meilenweit entfernt blieb ich von jenen Zeitgenossen, die sich mit den Rock-, Jazz- oder Pop-Highlights befassten. Anders gesagt: Mit dem eminent progressiven Standard, der selbst an einem süddeutschen Gymnasium herrschte, hatte ich nichts zu tun; meine Adoleszenz verlief – ich muss es so sagen – außerhalb der angesagten Gleise.

1999 legte der Musikjournalist Karl Bruckmaier, der ungefähr mein Jahrgang ist, seine Übersicht *Soundcheck. Die 101 wichtigsten Platten der Popgeschichte* vor ... selten zuvor gab mir Gelesenes so stark das Gefühl verpasster Jugend. Viele der von Bruckmaier aufgelisteten Namen sind mir völlig fremd, kaum eine der gerühmten Platten besitze ich, und unter Nummer 79, die T. Rex gnädigerweise Einlass in Bruckmaiers Parnass gewährt, lese ich eine Rundumvernichtung meines frühen Lebens: »Nein, T. Rex durfte man nicht mögen, wenn man ein ernsthafter junger Mann sein wollte zu Beginn der siebziger Jahre.« Wenn schon die Sympathie für T. Rex ausreichte, um ausgeschlossen zu werden, dann möchte ich lieber nicht wissen, in welchem Niemandsland, in welchem Nordkorea ich mich seinerzeit befand.

Was mir folglich blieb, war das offensive, das Selbstbewusstsein stärkende Bekenntnis zu absonderlichen Vorlieben. Ich gewöhnte mir bald an, nicht nur in fußballerischer Hinsicht meine Liebe zum TSV 1860 München (der mich immer wieder aufs Tiefste demütigt) demonstrativ zu zeigen, sondern auch mit profunden Christian-Anders- und Bernd-Clüver-Werkkenntnissen aufzuwarten. Wie ernst mir das war, wusste ich selbst wohl nicht immer genau, und so kann ich rückblickend damit leben, mich in dieser Hinsicht außerhalb des Angesagten bewegt zu haben. Ärgerlich erscheint es mir nur, wenn heute Vertreter meiner Generation es für gottgegeben halten, dass man in dieser Zeit unmöglich groß werden konnte, ohne einen anständigen Musikgeschmack zu besitzen. Sie unterschätzen den unterschwelligen Einfluss, den auch abgelehnte Musik zu nehmen vermag. Der Schriftsteller Walter Kempowski hat das auf eine schöne Formel gebracht: »Neulich wurde ich im Radio gefragt, was ich gegen Schlager habe. Nun, ich zog vom Leder, und da sagte der Reporter: ›Vorsicht‹! (Verbrennen Sie sich nicht den Mund!). *Alte* Schlager, ja, das ist etwas anderes. Melodien, Texte, mit denen man aufgewachsen ist.«

Es wäre gelogen zu sagen, dieser Wesenszug hätte meinem Lebens- und Liebesglück gedient. Mit Schlagern war bei den Mädchen, für die ich mich zaghaft zu interessieren begann, tragischerweise kein Blumentopf zu gewinnen. Versuche, mein Spektrum zu erweitern und mit Platten von Johnny Cash oder Emmylou Harris zu arbeiten, schlugen ebenfalls fehl – etwa an einem sicherlich strahlenden Frühlingsnachmittag, als es mir endlich gelungen war, mit Regine, einem der wenigen nachgerückten Mädchen an unserem vormals reinen Knabengymnasium, näheren Kontakt aufzunehmen. Die Wege zum Glück sind oft Umwege, und so bot eine nahende Physikarbeit Anlass, der Verehrten und Begehrten vorzuschlagen, man könne sich gemeinsam die erforderlichen Kenntnisse aneignen: »Du, zu zweit begreifen wir das vielleicht …« Die raffinierte Anbahnung gelang … was nicht gelang, war die Anstrengung, den Nachmittag mit einer liebevoll aufgenommenen Johnny-Cash-Kassette entspannt ausklingen zu lassen. Regine blieb davon ganz und gar ungerührt, mit dem *Man in Black* oder dem *Ring of Fire* war hier nichts auszurichten (und andernorts auch nicht). Die allgemeine Cash-Verehrung kam erst viel später.

Meine Beschäftigung mit Schlagern war somit meist eine introvertierte. Zur Erleichterung meiner Mutter hatte ich schon im zarten Alter keine Probleme damit, mich selbst zu beschäftigen. Stundenlang erwürfelte ich Bundesligatabellen, die ich mit Akribie auf kariertes Papier niederschrieb – künstliche Welten von sich selbst generierendem Reichtum. Nicht minder hartnäckig begann ich mit dreizehn oder vierzehn Jahren, Ordnung in die unübersichtliche Welt des Schlagers zu bringen. Ob Radio Luxemburg, Deutschlandfunk, Südwestfunk 3 – ich wurde zum eifrigen Hörer von Hitparaden und gab mich alsbald mit den Zufälligkeiten und Widersprüchen dieser Ranglisten nicht zufrieden. Ich erstellte Woche für Woche meine hauseigene, dreißig Plätze umfassende Hitparade, die sich zwar an den vergleichbaren, ›objektiv‹ messbaren Unternehmungen der Sendeanstalten orientierte, jedoch bewusst subjektiv Auf- und Absteiger notierte und mit weniger geliebten Interpreten wie Nina & Mike oder Chris Roberts möglicherweise ungerecht verfuhr. Sauber, mit Schreibmaschine geschrieben, wurden diese Listen in einem Leitz-Ordner abgeheftet – mein Wunsch, eine übersichtliche Welt zu schaffen, fand seine erste anschauliche Umsetzung.

Ist das Kitsch?

Wer pubertiert, hat mit ungewohnten Gefühlen zu kämpfen und mit den oft desaströs scheiternden Versuchen, dieses Neuland sprachlich zu beackern. Zwar hält dieser Zustand bei vielen Menschen und vor allem Männern bis ins hohe Alter an, doch die ersten Erfahrungen mit solchen Defiziten sind besonders prekär.

Der Schlager lebt davon, mit klaren Aussagen Hilfestellung zu leisten; seine textlich leicht fassbaren Stehsatzformeln haben, wie es der Volkskundler Werner Mezger ausdrückte, »Prothesenfunktion«. Wer seine Empfindungen nicht zu verbalisieren vermag, sucht Beistand bei anderen, und der Schlager füllt diese Rolle der emotionalen Krücke ideal aus. »Glaube mir«, »Schenk mir dein Vertrauen«, »Weil du ein zärtlicher

Mann bist«, »Tanze mit mir in den Morgen« …, so zum Beispiel lauten die Wendungen des Schlagers, die komplexe (partnerschaftliche) Beziehungen auf einfache Formeln bringen – sei es als Sentenz, sei es als Imperativ. Große Schlager, die sich in die Gedächtnisschleifen der Menschen eingraben, erlangen nach und nach Zitatcharakter und taugen allmählich fürs Poesiealbum. Ihre Refrains gewinnen, wie Goethe- und Schiller-Verse, eine Eingängigkeit, nach der viele Schriftsteller zeitlebens vergeblich streben.

Richtige Literatur – so lernte ich früh – zeichne sich dadurch aus, dass sie ambivalent sei, »Leerstellen« aufweise und permanent zu neuen Deutungen einlade, was den damit befassten Wissenschaftlern nur recht ist. Der Schlager also biete – wie die Romane einer Utta Danella – Triviales und entziehe sich deshalb einer ernsthaften Beschäftigung, es sei denn, reformierte Lehrpläne sehen es vor, dass die Gebrauchsformen der Unterhaltungsgenres zu behandeln seien. In den siebziger Jahren, als ich meine ersten prägenden Erfahrungen mit Literatur machte, kam es in Mode, den gymnasialen Unterricht nicht allein mit *Faust* und *Wallenstein* zu bestreiten, sondern sich – in ideologiekritischer Absicht – auch »Texten« des Alltags (aus der Waschmittelwerbung zum Beispiel) oder literarisch nicht satisfaktionsfähigen Kommerzprodukten zuzuwenden. Wer durchschaue, so die Intention, wie die Mechanismen der Unterhaltungs- und Vernebelungsindustrie funktionierten, der sei für die Zukunft gewappnet … und für die hehre Kunst gerettet.

So weit die Theorie, doch war es wirklich so leicht, dem Schlager nachzuweisen, dass es sich bei ihm um ein künstlerisch minderwertiges Produkt handele? Deutschlehrer Rath konnte ich mit Peter-Orloff- und Michael-Kunze-Texten nicht kommen, doch Religionslehrer Schüle, der wie alle Religionslehrer darunter litt, dass seinem Unterricht nicht die gebührende Aufmerksamkeit geschenkt wurde, zeigte sich über meine Initiative, seine Stunden mit der Untersuchung von Schlagertexten zu beleben, sehr angetan. Objekte der von den Klassenkameraden mit gelangweiltem Amüsement aufgenommenen Religionsunterrichtseinheit »Deutscher Schlager« waren Bernd Clüvers enigmatisches Lied *Der kleine Prinz*, das einen nicht näher benannten Engel namens Sehnsucht an ein Fenster stellt, und der DDR-Schlager *Als sei nichts geschehn* von Frank Schöbel. Mit gespielter Ernsthaftigkeit gab ich mein Bestes, um diesen als gewichtiges Stück Literatur zu deuten. Seine thematische Hauptlinie, ein von der Liebsten verlassener Mann, wird eingerahmt von schmerzhaft vorgetragenen Klagen darüber, dass die Außenwelt sich einen feuchten Kehricht um das Leid des Ichs schert: »Aber der Tag tut so, als sei nichts geschehn, / und ich kann nirgendwo eine Wolke sehn. / Alles sieht bunt und fröhlich aus / wie ein Riesenblumenstrauß …«

Schöbels Jeremiade steht in einer wohlbestückten Tradition der Liebes- als Naturlyrik. Diese schildert immer wieder die schroffe Kluft, die zwischen dem (scheinbar) sanften Idyll der Natur und den oftmals ganz anders gearteten Empfindungen des Betrachters liegt – eine Erkenntnis, die ich damals mit Sicherheit nur unbeholfen formulierte, die meinen Religionslehrer jedoch zu einem langen Exkurs über den Zusammenhang von göttlicher Schöpfung und menschlichem Handeln inspirierte. Mit ein bisschen gutem Willen, so folgerte ich, kann selbst Frank Schöbel dafür herhalten, die apodiktischen Urteile über Kunst und Nicht-Kunst in Zweifel zu ziehen und die Theodizeefrage zu erörtern.

Viele Anfeindungen gegen den Schlager rühren daher, dass

er ohne Hemmungen über große Gefühle spricht und zu diskreditieren droht, was seit alters als Sache der Kunst angesehen wurde. Wie – ich kehre zur pubertären Eingangsfrage des Kapitels zurück – lässt sich die Sprachohnmacht des stark fühlenden Menschen besiegen? Wie gelingt es, die tiefsten und heiligsten Empfindungen in Worte zu fassen, ohne sich in Klischees und Plattitüden zu ergehen? Wer sich aus Leidenschaft oder Berufsgründen mit Literatur beschäftigt, muss zwangsläufig dafür Sorge tragen, seine Gegenstände vom Kitsch, von der Unkunst, abzugrenzen und die Sympathie vieler Menschen für die Unkunst mit allerlei Argumenten zu erklären. Theodor W. Adorno beispielsweise wusste (in seiner *Einleitung in die Musiksoziologie*) genau, wo der Feind steht: »Schlager beliefern die zwischen Betrieb und Reproduktion der Arbeitskraft Eingespannten mit Ersatz für Gefühle überhaupt, von denen ihr zeitgemäß revidiertes Ich-Ideal sagt, sie müssten sie haben.« Das ist kein schlechter Tobak: Der Schlager, so Adorno, diktiert Gefühle, bietet nur Surrogate, weil die Arbeitsbedingungen des Kapitalismus nichts anderes zulassen. Erst der freie Mensch bedarf dieser Einlullungen nicht mehr; er würde das Spiel der Schlagerindustrie durchschauen und … ja, was würde er hören und lesen? Hermann Hesse zum Beispiel, dessen *Demian* wir bei jenem Religionslehrer lasen, der über Frank Schöbel und die indifferente Natur nachsann? Oder Ingeborg Bachmanns Gedichte, die böse Zungen heute bisweilen dem Kunstgewerbe zuschlagen?

Der Schlager geht, ohne Frage, in der Regel den leichtesten Weg. In seinen durchschnittlichen Hervorbringungen reimt er unverdrossen Herz auf Schmerz und duldet keinen Zweifel daran, dass sich Menschen das sagen können, was sie sich sagen wollen. Die hochlöbliche Wochenzeitung *Die Zeit*, die ich

Mitte der Siebziger begann mit erhobener Brust nach Hause zu tragen, schrieb damals einen Lyrikwettbewerb für Schüler aus, um zu sehen, wohin der allerjüngste literarische Trend gehe und ob nach dem Tod der Literatur Nachwuchshoffnungen wüchsen. Ich beteiligte mich mit einem leider verschollenen Gedicht (ein Sonett, glaube ich), das von unerfüllter Liebe sprach und mit dem denkwürdigen Zweizeiler »... für dich war es nur Firlefanz, / für mich war es mein letzter Tanz« schloss. Die Eleganz dieses Paarreims und die erlesene Vokabel »Firlefanz« beeindruckten mich sehr, die *Zeit*-Redakteure weniger; sie druckten mein Gedicht nicht ab. Vielleicht hätte ich mich damals an eine Plattenfirma wenden sollen. An die Jupiter Records zum Beispiel, die auf der Rückseite meiner Single *Soledad* von Emilio José folgendes Angebot machte: »Wir bieten Ihnen die große Chance ... Haben Sie Talent zum Singen? Komponieren Sie selbst? Schreiben Sie eigene Texte? Wenn Sie mindestens einmal ›ja‹ ankreuzen konnten, so schicken Sie uns am besten gleich ein Demonstrationsband (19 cm/sec) und ein Photo.« Warum nur habe ich gezögert? Vielleicht wäre aus mir ein Michael Kunze oder eine Irma Holder geworden ...

Die meisten Schlagerenthusiasten stehen ihren Gegenständen der Bewunderung distanzlos gegenüber. Sie weinen bei traurigen Liedern, sie beklagen Rex Gildos Fenster-, Bernd Clüvers Treppensturz, Udo Jürgens' Ableben beim Seespaziergang, Alexandras sicherlich von gemeinen Russen verschuldeten Autounfall oder das unglücklich nebulöse Ende eines Roy Black, und sie beklatschen rhythmisch die Bumsfallera-Fröhlichkeit eines Tony Marshall oder einer Gaby Baginsky (gibt es die eigentlich noch?) und tun so, als seien Helene Fischer und Beatrice Egli ihre beste Freundin.

Meine Faszination für den Schlager setzte früh ein und wurde zu einer Art Ekelfaszination. Die unverstellte Kühnheit, die sich die Schlagertexter herausnehmen, für große Gefühle nicht mehr Zeit als für ein weichgekochtes Ei aufzuwenden, hat etwas Beeindruckendes, denn sie konterkariert all jene Bemühungen, die meinen, das Komplizierte sei gerechterweise nur kompliziert zu beschreiben. Der Schlager beleidigt, und wer dauerhaft beleidigt wird, kann irgendwann nicht mehr davon lassen, sich den Ursachen der Beleidigungen hinzugeben. Wir sehen schlichte TV-Serien und Liebesschnulzen, insgeheim wissend, dass wir uns ästhetisch und bewusstseinsmäßig weit unter unserem Niveau bewegen, und wir stopfen wie Süchtige Kartoffelchips in uns hinein, obschon uns nicht unbekannt ist, dass uns damit auf unwürdig ungesunde Weise Kalorien zugeführt werden. Der Mensch ist manchmal schwach. Das habe ich früh in meinem Leben akzeptiert.

Eine kurze Geschichte des Schlagers

Die historische Entwicklung des Schlagers hängt eng mit dem Aufkommen technischer Neuerungen und deren systematischer Nutzung zusammen. Durch sie wurde er verbreitet und entwickelte sich zu einem Massenkonsumartikel für eine Gesellschaft, deren Freizeitverhalten zunehmend industriell gesteuert wurde. Der Begriff »Schlager«, der sich erstmals in den sechziger Jahren des 19. Jahrhunderts nachweisen lässt, ist Wiener Ursprungs und bezeichnete ursprünglich eine »zündende« (Operetten-)Melodie, die »einschlug« und sich zum »Gassenhauer« entwickelte. »Schlager«, das war in den Anfängen zuerst eine Erfolgsvokabel, ein Markenzeichen für bestimmte Lieder, die sich zu einer Zeit, als die Massenproduktion von Tanz- und Unterhaltungsmusik aufkam, in den Köpfen und Herzen der Menschen einnisteten, zum »Nachträllern« animierten und sich aus ihrer Ursprungsverwendung, in einer Operette zum Beispiel, lösten.

Nach und nach wandelte sich der Begriff: Das Erfolgsattribut ging auf den »Knüller« und den »Hit« über, während »Schlager« zur Gattungsbezeichnung wurde. Wenn der Schlagerkomponist Christian Bruhn schreibt: »Denn schlechte Schlager gibt es nicht, es wären ja dann keine«, irrt er also. Der

Terminus »Schlager« firmiert weitgehend als Synonym für eingängige Unterhaltungsmusik mit deutschem Text, als »saisonales, auf den sofortigen kommerziellen Erfolg hin verfertigtes Lied« (Markus Bandur). Wiewohl – dieser Definition nach – der Schlager auf kurzfristigen Effekt und nicht auf die Ewigkeit baut, zeichnen sich einzelne Stücke durch die Fähigkeit aus, ihren »saisonalen« Charakter abzustreifen und zu »Dauerbrennern«, zu »Evergreens« zu werden, die sich im Gedächtnis der Menschen festsetzen und über Jahrzehnte hinweg als private wie als gesellschaftliche Erkennungsmelodien abrufbar sind. Diese Beispiele vor allem sind, wenn es um die Repräsentationsmerkmale und die Bedeutung des Schlagers für die emotional-nationale Identität geht, von Belang, denn sie sprechen offenkundig Sehnsüchte, Wünsche und Bewusstseinslagen an und aus, und sie erlauben dank ihrer eingängigen Musik-Text-Mischung spontane Identifikationen.

Die im Lauf des 20. Jahrhunderts rapide zunehmende Steuerung populärer Musik durch eine profitorientierte Industrie trug wesentlich dazu bei, dass sich die »Ware« Schlager permanenter Kritik ausgesetzt sah. Geringschätzung wurde ihr von zahlreichen Disziplinen der Wissenschaft entgegengebracht. Wo über den Schlager geredet wurde, stand intellektuelles Prestige auf dem Spiel, und so wurde viel Mühe darauf verwandt, das Phänomen mit harter analytischer Hand zu sezieren. Musikwissenschaftler rügten seine konservative, simple Struktur, Germanisten wie Gero von Wilpert seine primitiven Texte »ohne literarischen Wert«, während Soziologen, Theologen und Psychologen, je nach Ausrichtung, die restaurativen, anti-aufklärerischen, diesseitsorientierten oder sedativen Momente des Genres betonten. Kritik dieser Art begleitete, gleichsam als Background-Chor, den florierenden Boom des

Wer hört was?

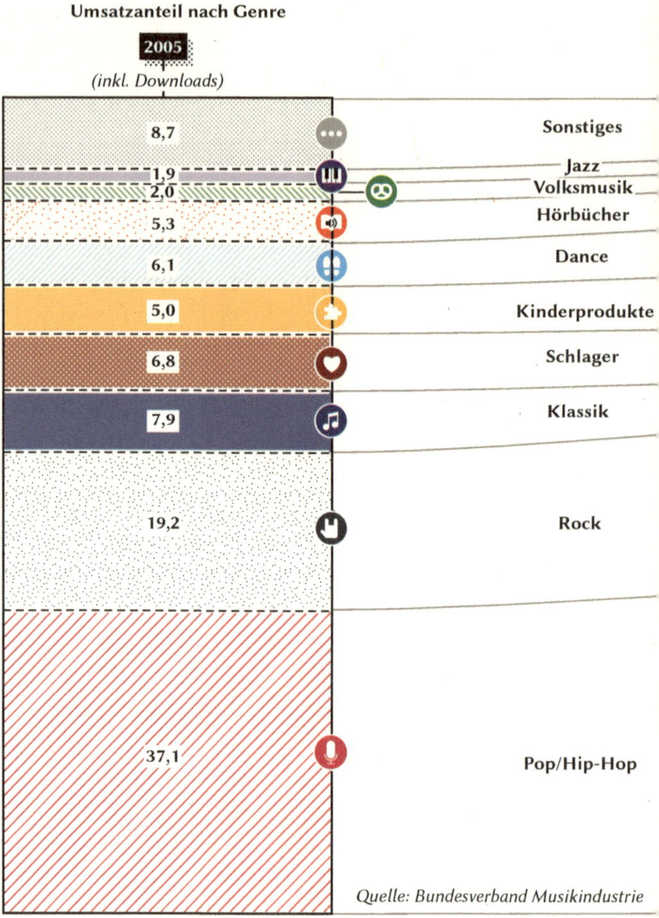
Umsatzanteil nach Genre
2005
(inkl. Downloads)
8,7
Sonstiges
1,9
Jazz
2,0
Volksmusik
5,3
Hörbücher
6,1
Dance
5,0
Kinderprodukte
6,8
Schlager
7,9
Klassik
19,2
Rock
37,1
Pop/Hip-Hop
Quelle: Bundesverband Musikindustrie

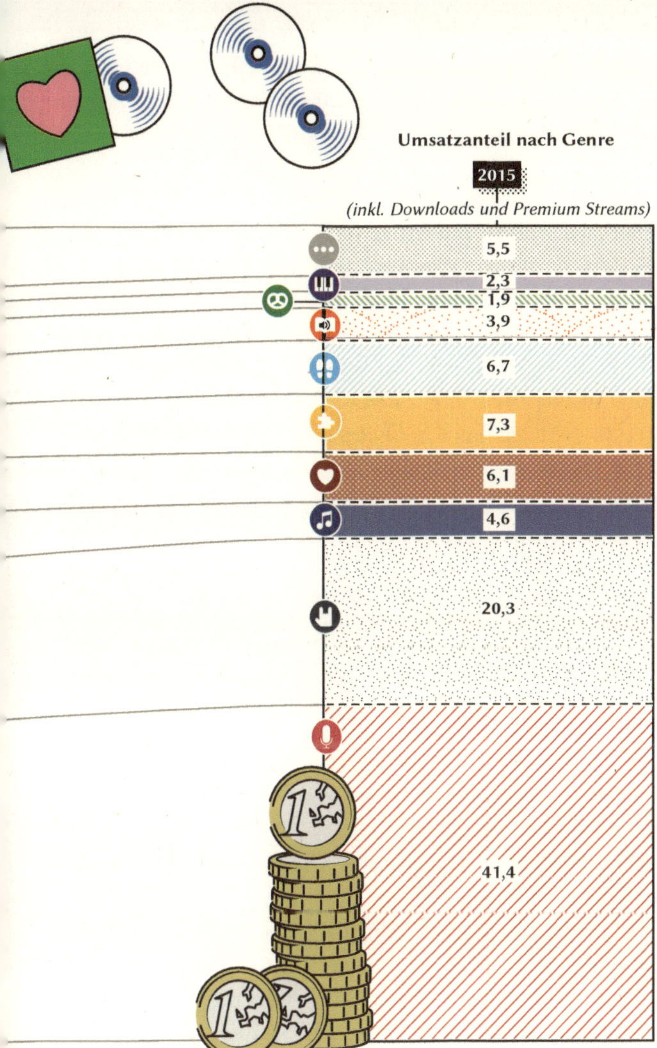
Umsatzanteil nach Genre
2015
(inkl. Downloads und Premium Streams)
5,5
2,3
1,9
3,9
6,7
7,3
6,1
4,6
20,3
41,4

Schlagers, der in den zwanziger Jahren einsetzte. Seine massenhafte Verbreitung über Radio und Schallplatte verhalf ihm zu ständiger Präsenz, die sich auch, während des Nationalsozialismus beispielsweise, mit ideologischer Zielsetzung nutzen ließ.

Sich Schlagern allein kritisch zu nähern verdeckt ihre Eigenschaft, kultur- und sozialgeschichtliche Zustände zu spiegeln. Sie sind auch in kommerzialisiertester Ausprägung Alltagskultur, und als solche – so Kurt Tucholsky 1922 – enthüllen sie »objektiv und klar die Seelenverfassung der Geschlechter, die sie gesungen haben. [...] Kulturgeschichten lügen. Lieder lügen nicht.« Ähnlich argumentiert Gottfried Benns 1951 zuerst erschienenes Gedicht *Kleiner Kulturspiegel*, in dem es lapidar heißt: »Ein Schlager von Rang ist mehr 1950 / als 500 Seiten Kulturkrise.« Blickt man auf die Geschichte des Schlagers, so ist unschwer zu erkennen, wie eng er sich an konkrete historische Zustände, an soziale Veränderungen und Bewusstseinslagen anschmiegt. Komponisten und Texter müssen darauf bedacht sein, den Nerv ihrer Klientel zu treffen. Bei allem handwerklichen Geschick lässt sich der Erfolg eines Schlagers dennoch schwer vorhersagen; das Publikum entscheidet, aus welchem Schlager ein Hit oder gar ein Ohrwurm wird, der noch Jahre später Emotionen auslöst und ins allgemeine Sediment einer Epoche rückt – eine Erscheinung, die der Erfolgskomponist Paul Lincke früh erkannte: »Wenn das Publikum nicht will, können 1000 Kapellen das gleiche Lied spielen – es wird nie ein Schlager daraus werden.«

Die zwanziger und dreißiger Jahre bildeten eine Blütezeit des Schlagers. Die fortschreitende Kommerzialisierung führte zu originellen Produktionen, die mit Witz und Charme Frivolität und Lebenslust ausstrahlten. Rhythmus und Refrain bedienten einen Markt, der sich mit großstädtischer Attitüde auch als schlüpfrig empfundenen Themen öffnete: dem wachsenden Spargel in *Veronika, der Lenz ist da!*, Marlene Dietrichs rauchigem *Ich bin von Kopf bis Fuß auf Liebe eingestellt* (aus dem Film *Der blaue Engel*) oder im Geständnis *Ich hab das Fräul'n Helen baden sehn.* Nonsens-Schlager wie *Was macht der Maier am Himalaya?* oder *Die schöne Adrienne hat eine Hochantenne* zeugen von sprühendem Einfallsreichtum, der durch die ersten Tonfilme Ende der zwanziger Jahre entscheidende Impulse bekam. War zuvor der Schlager vor allem an seine Komponisten (wie Walter Kollo, Paul Lincke, Robert Stolz oder Franz Grothe) geknüpft, so rückten nun zunehmend die Interpreten in den Vordergrund: Johannes Heesters, Heinz Rühmann, Marika Rökk, Rosita Serrano, Hans Albers oder Zarah Leander wurden zu Leinwandheroen, und die Lieder, die sie sangen, fanden große Verbreitung und wurden von den Nationalsozialisten sofort als wichtige Transportmittel für ihre Ideologeme erkannt. Schlager wie *Davon geht die Welt nicht unter*, *Ich weiß, es wird einmal ein Wunder geschehn* oder *Das kann doch einen Seemann nicht erschüttern* dienten während des Zweiten Weltkriegs als kaum verhohlene Durchhalteparolen. Ohne politische Bezüge offen auszusprechen, spendeten ihre eindeutig-zweideutigen Liedzeilen Trost oder appellierten daran, sich dem mehr und mehr aufkommenden Fatalismus nicht hinzugeben. Der Schlager in dieser Zeit wurde selten offen zur ideologischen Gleichschaltung eingesetzt, und wo man dies tat, blieb der durchschlagende Erfolg meist aus. Als Ablenkungsmanöver – etwa im beliebten, von Goebbels persönlich beaufsichtigten *Wunschkonzert* für die Soldaten an der Front – erfüllte er jedoch eine wesentliche Befriedungsaufgabe, in der die Verlogenheit triumphierte.

Zum größten Schlagererfolg dieses Jahre (und gewissermaßen des ganzen 20. Jahrhunderts) wurde freilich ein Lied, das sich der Vereinnahmung entzog und überdies eine komplexe (Vor-)Geschichte besitzt. Der Lyriker Hans Leip veröffentlichte 1937 eine Gedichtsammlung, die auch das bereits 1915 entstandene *Lili Marleen* enthielt. 1938 wurde es von Norbert Schultze vertont, und nachdem der Belgrader Soldatensender es 1941 ununterbrochen spielte, avancierte es in Lale Andersens Vortrag zum melancholischen Signallied des Kriegs und der Fremde, das die Gefühle der Soldaten und Daheimgebliebenen plastisch ausdrückte. Während es von den Nationalsozialisten nach der Schlacht von Stalingrad aufgrund der Todeskonnotationen in den Schlussstrophen alsbald verboten wurde, traf es mit seinen einfachen, anrührenden Versen auch die Herzen der alliierten Soldaten: »Vor der Kaserne / vor dem großen Tor / stand eine Laterne / und steht sie noch davor, / so woll'n wir uns da wiedersehn, / bei der Laterne woll'n wir stehn / wie einst Lili Marleen, / wie einst Lili Marleen. / […] Aus dem stillen Raume / aus der Erde Grund / hebt mich wie im Traume / dein verliebter Mund. / Wenn sich die späten Nebel drehn, / werd ich bei der Laterne stehn, / wie einst Lili Marleen, / wie einst Lili Marleen.«

Der Schlager eignet sich nicht zur gezielten Bewusstseinssteuerung. Es hat mehrmals Versuche gegeben, ihn mit unverblümten politischen Aussagen zu befrachten. Gunter Gabriel mühte sich daran mit seinem Lied *Deutschland ist …* (1989), Freddy Quinn wandte sich in *Wir* (1966) auf plumpe Weise gegen die rebellierende Studentengeneration (»Wer will nicht mit Gammlern verwechselt werden? / Wir!«), Tom Astor begrüßte die Wiedervereinigung mit *Guten Morgen, Deutschland*, und der Grand-Prix-Beitrag *Frei zu leben* versuchte 1990 aus dem gleichen historischen Ereignis Kapital zu schlagen. Nachhaltigen Erinnerungswert besitzt kaum eines dieser Lieder, und auch in der Geschichte der DDR zählen Anstrengungen, die Segnungen des Sozialismus mit *Unsere LPG hat hundert Gänse* zu feiern, zu den Kuriosa.

Dessenungeachtet ist der Schlager seit jeher ein Ort, an dem sich regionale und damit auch nationale Besonderheiten rühmen lassen. Eines der berühmtesten Beispiele – *Ich hab mein Herz in Heidelberg verloren* (Text: Beda und Ernst Neubach; Musik: Fred Raymond) – stammt aus dem Jahr 1925 und löste eine wahre Heidelberg-Welle aus: »Ich hab mein Herz in Heidelberg verloren, / in einer lauen Sommernacht. / Ich war verliebt bis über beide Ohren / und wie ein Röslein hat ihr Mund gelacht.« Die Verknüpfung von verflossener Liebe, Patriotismus (»Was ist aus dir geworden, seitdem ich dich verließ? / Altheidelberg, du Feine, du deutsches Paradies!«) und Lokalkolorit erwies sich als einträgliches Verfahren, das noch vierzig Jahre später ein Erfolgsgarant war, für die *Memories of Heidelberg* der US-Amerikanerin Peggy March zum Beispiel.

Die Feier des Regionalen ist vor allem eine Sache des Stimmungs- und Karnevalsschlagers, der als textliche und musikalische Schwundstufe der Gattung die Dinge ohne Umschweife benennt. Das Verwurzeltsein in der heimatlichen Scholle darf hier bedenkenlos ausgesprochen werden, und es sind keineswegs immer national-reaktionäre Töne, die dabei dominieren. Wenn die Gruppe Bläck Fööss zu *Mer losse d'r Dom en Kölle* anhebt, so liegt darin das Bekenntnis zum regionalen Raum, das sich gegen die Vereinnahmung durch nationale oder globale Strukturen wehrt. Der Schlager erhält in seiner karnevalistischen Variante einen dezent subversiven Charakter, der mal progressiv, mal restaurativ einherkommt. Ebenfalls als

Karnevalslied machte 1948 Karl Berbuers *Trizonesien-Song* Furore, der sich zu einer Art Nationalhymne des in Zonen unterteilten Nachkriegsdeutschlands entwickelte. Sein Siegeszug verdankte sich auch einem Text, der mit trotziger Miene geschichtliche Entwicklungen ins Gegenteil verkehrte. Als habe es das NS-Regime und seine Verheerungen nie gegeben, beklagt es die Ungerechtigkeit der politischen Gegenwart: »Ein kleines Häuflein / macht heut die große Politik, / sie schaffen Zonen, ändern Staaten, / und was ist hier mit uns im Augenblick? Wir sind die Eingeborenen von Trizonesien …« Ohne jede Trübung des nationalen Selbstbewusstseins fährt es fort, deutsche Vormachtstellung zu reklamieren: »Selbst Goethe stammt aus Trizonesien, / Beethovens Wiege ist bekannt. / Nein, so was gibt's nicht in Chinesien, / darum sind wir auch stolz auf unser Land.«

Erfolgreiche Schlager stiften nationale Gefühle auf sublime Weise. Sie lenken ab von den einengenden materiellen oder politischen Verhältnissen, verlocken mit Sehnsuchtsangeboten, die in ihrer Unverbindlichkeit beliebig auffüllbar sind. Sie appellieren bisweilen an traditionelle Werte, die den sich ausbreitenden Materialismus mit Puderzucker bestäuben, und sie versuchen, sich den Entwicklungen des Zeitgeistes anzubiedern. Die Schlagerhistorie nach 1945 hat für alle diese Phänomene Belege parat; einige davon schrieben sich tief ins Gedächtnis der Zeitgenossen ein.

Gleich nach dem Zusammenbruch Hitler-Deutschlands erhielten die Deutschen Stärkung durch eine Weise, die zu einem der einträglichsten Schlager des 20. Jahrhunderts wurde. Die bereits 1943 entstandenen und zuerst von Magda Hein gesungenen *Capri-Fischer* (Musik: Gerhard Winkler; Text: Ralph Maria Siegel) wurden in der Aufnahme mit Rudi

Schuricke zu einem Sehnsuchtsfanal. Den alten, literarisch in vielen Variationen vertrauten Italien-Mythos aufgreifend, beschworen sie südliche Gefilde, deren Ausschmückung mit dem Trümmerantlitz der Nachkriegsstädte wenig gemein hatte. Jahre bevor Deutsche daran denken konnten, die ersten Erträge des Wirtschaftswunders zu Urlaubsreisen nach Neapel oder Rom zu nutzen, beschwor Schuricke einen Locus amoenus, in dem sich zwar arbeitsame Menschen, die einheimischen Fischer, bewegten, doch ohne von Attributen der Mühsal gezeichnet zu sein. Die Abschiedsszene des Liedes (»Bella, bella, bella Marie, / bleib mir treu, / ich komm zurück morgen früh«), die zu Kriegszeiten ganz anders zu verstehen war, reduziert sich nun auf die Wehmut einer Meerfahrt, die von einer mit wenigen Strichen gezeichneten und somit höchst konventionellen Szenerie begleitet wird: »Wenn bei Capri die rote Sonne / im Meer versinkt, / und vom Himmel die bleiche Sichel / des Mondes blinkt, / ziehn die Fischer mit ihren Booten / aufs Meer hinaus, / und sie legen in weitem Bogen die Netze aus.«

Die *Capri-Fischer*, vorgetragen von einem Virtuosen der Schnulze, ernteten (Nach-)Ruhm, weil sie ein perfektes Traumbild ausbreiteten. Sie stehen im Kontext zahlreicher Schlager, die nach Italien oder in noch weitere Fernen entführten. *Florentinische Nächte*, *Arrivederci Roma*, *Am weißen Strand von Soerabaya*, *Der weiße Mond von Maratonga* oder *Blaue Nacht am Hafen* hießen sie, und manchmal – wie in René Carols *Im Hafen von Adano* – erfanden sie im geografischen Überschwang gar gänzlich unbekannte, indes gut klingende Ortsnamen oder verlagerten wie in *Tipitipitipso* den Calypso kurzerhand nach Mexiko – Spitzfindigkeiten, auf die Texter Kurt Feltz wenig Rücksicht nahm. Die Zuhörer nahmen derartige Bocksprünge der Fantasie offensichtlich nicht ernst, zumal sie mit den realen Ländern meist noch nicht in Berührung gekommen waren. Der Schlager der frühen fünfziger Jahre zeichnete ein Gegenbild, ein Weichbild des Fremden; mehr brauchte er nicht zu tun. Exotische Gegenden gehören bis heute zum Reservoir der Gattung; während jedoch die Sommerhits späterer Zeiten – wie Hanna Aronis *Eviva España* (1972) – nur mehr das »akustische Pendant zu den Urlaubsdias« (Günter Helmes) bildeten, schlugen ihre Vorläufer in den fünfziger Jahren ein Buch unerreichbarer Wunschplätze auf, die sich mit der Realität nicht messen lassen mussten.

Ferne und Heimat – so lautete das klassische Begriffsduo dieser Zeit. Die Schlager schweiften in die Fremde, ließen die einen (zumeist Frauen) zurück und die anderen vom Zuhause, von der Heimat, träumen. Wie die Filmindustrie einen Streifen nach dem anderen mit klischierten Berg-und-Alm-Szenen ausstaffierte und mit Rudolf Prack oder Sonja Ziemann in den Hauptrollen besetzte, fuhren die Schlagerproduzenten ganze Wagenladungen heimatträchtiger Titel auf: *Das alte Försterhaus, Bei mir zu Haus, Försterliesel, Ein Häuschen mit Garten …*

Zum Idol der Heimat-und-Ferne-Stimmung wurde ein Österreicher, der sich Freddy (Quinn) nannte und serienweise vage Gefühle von Verlust, Einsamkeit und Heimweh verbreitete. *Heimweh* (1955) heißt auch eines seiner unvergänglichen Lieder. Es arbeitet mit einfachen Kontrasten, stellt »brennend heißen Wüstensand«, der »so fern« dem »Heimatland« ist, einer Erinnerungsidylle gegenüber: »Dort, wo die Blumen blühn, / dort wo die Täler grün', / dort war ich einmal zu Hause. / Wo ich die Liebste fand, / da liegt mein Heimatland. / Wie lang bin ich noch allein?« Unüberhörbar schwingt in Freddys

Die neuesten Schlager- und Liedertexte

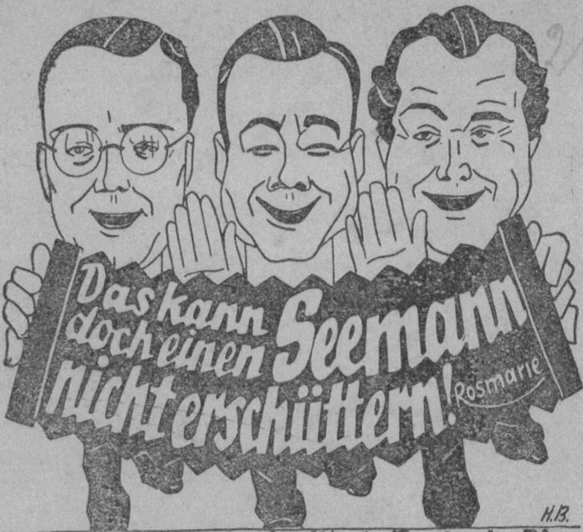

Aus den Tonfilmen: Lied der Wüste · Zentrale Rio
Wenn Männer verreisen · Die goldene Maske
Wer küßt Madeleine? Drei Väter um Anna
Kitty und die Weltkonferenz u. a.

Aus der Operette: Die oder Keine

Monopol-Liederbücher

Jahrgang 10 Preis 10 Pfg. Heft 114

Wehklage auch ein Verlust mit, den viele Deutsche, die Heimatvertriebenen, am eigenen Leib erfahren hatten. Die vorherrschende Zeitlosigkeit von *Heimweh* ist freilich seinem Abrücken vom allzu Konkreten zu verdanken. Wer beim Hören an Schlesien oder Pommern denken wollte, konnte dies tun; wer sich nur einem nostalgisch wabernden Schwelgen in trauriger Verlorenheit hingegeben wollte, konnte dies nicht minder tun.

Um als nationaler Sympathie- und Imageträger Verwendung zu finden, bedurfte es übrigens nie einer deutschen Staatsangehörigkeit. Camillo Felgen, Rita Pavone, Gus Backus, Ivo Robić, Mina, Wanda Jackson, France Gall, Peggy March, Dorthe, Roger Whittaker, Julio Iglesias … das Schlagergeschäft lebt vom exotischen Flair ihrer Vertreter. Gerade die Fremdheit eines »süßen« Akzents, oftmals auch die gänzliche Unkenntnis der deutschen Sprache machten sie zu unproblematischen »Gastarbeitern«. Wenn ein farbiger Mann aus Trinidad wie Billy Mo *Ich kauf mir lieber einen Tirolerhut* (1962) sang, so machte gerade der Gegensatz das Bekenntnis populär.

Der Starcharakter deutscher Schlagersänger verlor sich in dem Maße, wie sich ausländische Interpreten durchsetzten. Der »Starschnitt« der Zeitschrift BRAVO galt selten deutschen Sängern, sondern stattdessen den kometenhaft aufsteigenden ausländischen Interpreten wie David Cassidy, ABBA oder den Bay City Rollers. Diese Entwicklung führte dazu, dass der Schlager kaum mehr neue Gesichter hervorbrachte. Ältere Vertreter (wie Margot Eskens, Elfi Graf oder Marion Maerz) zogen es deshalb vor, das Lager zu wechseln, und zeigten sich bevorzugt in den Heuschober-Arenen der künstlich erzeugten Volksmusik, die dank zahlloser TV-Sendungen (mit Moderatoren wie Karl Moik oder Carolin Reiber) in den achtziger und neunziger Jahren das älter gewordene Schlagerpublikum einsammelte. Nichts und niemand, dachte man damals, würde in der Lage sein, den aufs Altenteil verdammten Schlager zu reanimieren. So schien es zumindest …

Atemlos: die Phänomene Andrea Berg und Helene Fischer

Anfang der achtziger Jahre hatte sich, wie gesagt, der klassische deutsche Schlager daran gewöhnt, vom angloamerikanischen Pop aus den Charts und aus den Fernsehsendungen gedrängt zu werden, und trauerte den Zeiten von *Ganz in Weiß* und *Wir wollen niemals auseinandergehn* nach. Dass damals zudem eine deutschsprachige Musik auftauchte, die sich nicht damit begnügte, wie die Liedermacher um Reinhard Mey, Joana, Hannes Wader und Ulrich Roski eine intellektuelle Parallelexistenz zu führen, das war des Guten zu viel. »Neue Deutsche Welle« nannte sich dieses Produkt, das alles Vorangegangene automatisch als »Alte Deutsche Welle« abtat. Von einem Tretboot in Seenot, von rätselhaften hohen Bergen war da plötzlich die Rede und von einem Sternenhimmel, der so gar nichts mit den hehren, zuvor von Katja Ebstein oder Nana Mouskouri besungenen Gestirnen zu tun hatte. Und nicht zuletzt waren da Verszeilen, die, eingebettet in unkonventionelle Melodien, mit dem immergleichen Repertoire des Schlagers spielten und es partout nicht ernst nehmen wollten. »Und deine blauen Augen machen mich so sentimental« heißt es da in einem Erfolgslied der Gruppe Ideal, und wenn in *Codo* der Formation Deutsch-Österreichisches Feingefühl (DÖF) Geschwindigkeit aufgenommen wird und die sphärischen Klänge »Und ich düse, düse, düse, düse im Sauseschritt« ertönen, entstanden Zeilen, die heute längst zum Gemeingut der deutschen Sprache zählen und in Büchmanns Zitatenschatz gehören.

Welche Revolution sich damals auftat, kann man sich übrigens bequem in einer YouTube-Sequenz aus dem Jahr 1983 ansehen – als *Codo* auf Platz 1 der *ZDF-Hitparade* landete und Dieter Thomas Heck mit dezent gequältem Gesichtsausdruck ein Lied ansagte, das mit Zeilen wie »Hässlich, ich bin so hässlich, so grässlich hässlich« aus dem Rahmen der um Harmonie bemühten Fernsehhitparade fiel. Heck zog die Konsequenz aus diesen Zumutungen und verabschiedete sich kurz darauf von der Hitparade. Das war nicht mehr seine Welt.

Niemand hätte seinerzeit einen Pfifferling darauf gegeben, dem Schlager eine Renaissance zu verheißen. Dieser schien allenfalls ein Tummelplatz für die Älteren und Gestrigen zu sein – der Schlager auf Dauer ein Nischenprodukt, das galt als ausgemachte Sache. Natürlich gab es Ausnahmen, gab es Sänger, deren CDs nicht nur von den üblichen Verdächtigen gekauft wurden, gab es Claudia Jung, Kristina Bach, Matthias Reim, Wolfgang Petry oder Michelle.

In den 1990er-Jahren veränderte sich die Situation auf anfangs unmerkliche Weise. Zum einen wandten sich originelle Figuren wie der Tübinger Fußpfleger Dieter Thomas Kuhn und der Trierer Sozialarbeiter Guildo Horn dem guten alten Schlager zu, kostümierten sich schrill und sangen voll Inbrunst *Mendocino* oder *Wann wird's mal wieder richtig Sommer?* Sie taten das auf halbironische Weise, ohne den Schlager lächerlich zu machen. Kuhn und Horn füllten Konzertsäle und brachten junge Menschen, die die Interpreten der *ZDF-Hitparade* nur aus den Erzählungen ihrer Eltern kannten, dazu, sich selbst zu Schlagerrhythmen zu feiern. Höhepunkt dieser Ära war Guildo Horns Auftritt beim Grand Prix Eurovision de la Chanson 1998, just in dem Jahr, als Gerhard Schröder den nimmermüden Helmut Kohl als Bundeskanzler ablöste.

Maßgeblichen Anteil am Horn-Fieber hatte Stefan Raab. Für Horn schrieb er das unvergleichliche *Guildo hat euch lieb*. Der Schock bei den Abstimmenden in ganz Europa saß tief, so tief, dass Horns auch akrobatisch beeindruckende Leistung mit dem siebten Platz gewürdigt wurde. Deutschland nahm sich nicht mehr ernst, Deutschland machte Quatsch. Horns glaubhaft vermittelte Leidenschaft für den Schlager war den Machern alter Prägung zwar nicht geheuer, doch dass der unkonventionell frisierte Mann aus Trier den Schlagern der sechziger und siebziger Jahre neues Publikum zuführte, ließ sich nicht leugnen.

Dass zwischenzeitlich auch der »richtige« Schlager an seinem Comeback arbeitete, ist vor allem mit dem Namen Andrea Berg verbunden. Wie die aus Krefeld stammende Arzthelferin dem schwergebeutelten deutschen Schlager auf die Sprünge half, war und ist aller Ehren wert. Keine Frage, wer mit offenen Ohren durch die Unterhaltungswelt der letzten fünfundzwanzig Jahre gegangen ist, kennt Andrea Berg. Etliche Male wurde sie mit dem »Echo«, mit zahllosen Goldenen und Platin-Schallplatten prämiert. Ihre 2001 erschienene *Best of*-CD rangierte jahrelang in den deutschen Charts, ein Erfolg, der die Platzierungen der Beatles oder von Pink Floyd übertraf, und während viele ihrer Kollegen sich schon darüber freuten, die Eröffnung von Baumärkten oder Jahresfeiern der Klemp-

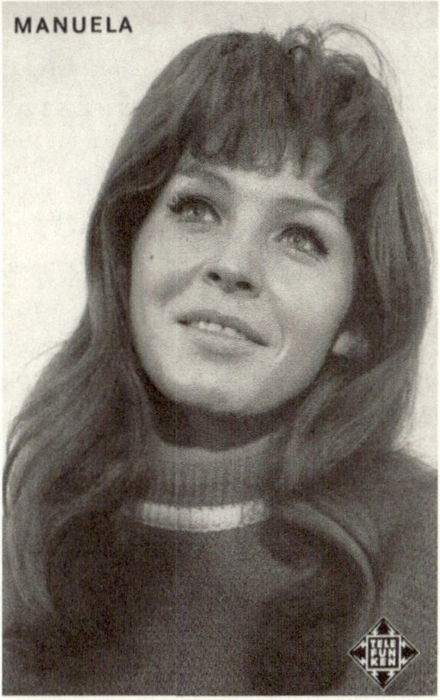

Nein, an dieser Stelle Helene Fischer oder Andrea Berg abzubilden ist nicht nötig. Stattdessen zeigen wir lieber eine Vorläuferin, die Berlinerin Manuela, deren *Schuld ist nur der Bossa Nova* unvergessen ist.

ner-Innung musikalisch zu garnieren, begann Andrea Berg mit ihren Auftritten mühelos größte Arenen zu füllen. Und immerhin schaffte es die heute im schwäbischen Großaspach lebende Interpretin, wahre Evergreens wie *Die Gefühle haben Schweigepflicht*, *Du hast mich tausendmal belogen* und *Ich sterbe nicht noch mal* zu produzieren, die durchaus gewandelte gesellschaftliche Zustände spiegeln. Während es in den Hochzeiten des Schlagers als opportun galt, ungetrübte Glückserfahrungen (*Eine neue Liebe ist wie ein neues Leben*) zu besingen, gab sich Andrea Berg als schicksalsgeprüfte Frau, die vom Verlassenwerden, vom männlichen Treuebruch und von Ängsten zu erzählen weiß. Ihr Publikum, das oft aus enttäuschten Drogeriefachverkäuferinnen zu bestehen scheint, weiß, wovon Andrea Berg singt. Geteiltes Leid ist halbes Leid.

Ihre Erfolgsstory ist damit nicht ausreichend erklärt. Denn das Berg-Gesamtpaket setzt sich aus mehreren Elementen zusammen, die belegen, dass es keiner herausragenden Qualifikationen bedarf, um zur Identifikationsfigur der populären Kultur zu werden. Bergs fragile Stimme hat nichts Herausragendes, allenfalls Unverwechselbares. Ihr Repertoire an körperlichen Ausdrucksformen ist limitiert und besteht aus immergleichen Handbewegungen und Bühnensprints. So bleibt an Außergewöhnlichem vor allem ihr legendäres Outfit. Hohe Stiefel, kurzer Rock und straffe Corsage sind seit jeher Berg'sche Markenzeichen und geben allen Damen jenseits der Vierzig Anregung, was man bei den kommenden Harley-Davidson-Tagen tragen könnte. Eine Nana Mouskouri hätte in seinem solchen Ensemble nicht einmal die Hochzeitsnacht verbracht.

In den letzten Jahren musste Andrea Berg freilich den Spitzenplatz in der Schlagergunst an die viel blondere, knapp zwanzig Jahre jüngere Helene Fischer abtreten. Während Berg – gewissermaßen in der Wolfgang-Petry-Nachfolge – ihr Proll-Image tapfer pflegt, wirkt Fischer wie ein klinisch reines, makelloses Kunstprodukt, das bedauerlicherweise besser singen, akrobatischer turnen und gefälliger moderieren kann. Dass diese, seitdem sie 2005 die Bühne betrat, zu einer Ikone der Anbetung quer durch alle Generationen wurde, blieb selbst schlagerabgewandten Feuilletonisten nicht verborgen – spätestens durch die Fußball-Weltmeisterschaft 2014.

Wie gut das zusammenpasste: Da feierte die deutsche Fußballelf unterm Brandenburger Tor ihren phänomenal errungenen WM-Titel, und da entschloss man sich kurzerhand, der

Sause ein Sahnehäubchen aufzusetzen und den ausgelassenen Herren Schweinsteiger, Khedira und Neuer eine Frau an die Seite zu stellen, die es mit den Sympathiewerten der Kicker mühelos aufnahm. Helene Fischer erledigte – im frischen Deutschland-Trikot – ihre Aufgabe so souverän, wie sie fast alle ihre Aufgaben in den letzten Jahren erledigte, und sang ihren Megahit *Atemlos*, als sei es eine Selbstverständlichkeit, dass sich junge Männer zum Retortenschlager bekennen.

Diese wunderbare Paarung mag damit zu tun haben, dass Helene Fischer ohne Probleme als Spielerfrau durchginge (Hauptsache langhaarig), doch ihren Ursprung hat sie im Jahr 2006, als das WM-Sommermärchen derart viel Fröhlichkeit verbreitete, dass sich nicht nur Dieter Thomas Heck oder Peter Hahne über das bunte Wehen der deutschen Nationalfarben an Autos und Balkonen freuten. Wie es seitdem fast normal ist, die Fähnchen so stolz zu schwenken, wie es Franzosen seit jeher tun, so ist es der zierlichen Helene Fischer gelungen, den verpönten Schlager salonfähig zu machen. Die Zehntausende, die in ihre Konzerte stürmen, rekrutieren sich nicht mehr allein aus ergrauten Best-Agern, die ihren Musikgeschmack bislang vor allem im TV-Programm des Mitteldeutschen Rundfunks repräsentiert fanden. Nein, wie die Podolskis und Lahms in Berlin recht textsicher Fischers Backgroundchor abgaben, so bekennen sich inzwischen selbst Männer und Frauen in jungen Jahren zu Helene Fischer.

Helene Fischer ist Andrea Bergs legitime Nachfolgerin und vereint Eigenschaften auf sich, die massenkompatibel sind und ein Harmoniebedürfnis befriedigen, ohne dass sie als reine PR-Erfindung wirken würde. In Sibirien geboren und mit acht Jahren nach Rheinhessen gekommen, ist sie, wie der Schlagerexperte Jan Feddersen anmerkt, »so migrantisch, wie es eben geht«, und sprengt das Weltbild des meist konservativ gestrickten Liebhabers leichter Musik nicht. Fast unauffällig ging sie ihren Weg. 2005 hatte sie ihren ersten Fernsehauftritt, dem erfolgreiche CDs folgten, ohne dass jemand der ausgebildeten Musicaldarstellerin eine derart triumphale Karriere zugetraut hätte. Blondlockig und freundlich kommt sie auf der Bühne und in Interviews einher. Ihr Management weiß, dass sexuelle Aufladung heutzutage unabdingbar ist, doch selbst wenn sich Helene Fischer tief dekolletiert, im BH unter der Eisdusche oder in extrem kurzen Röckchen zeigt, bewahrt sie Züchtigkeit und gibt selbst meiner Mutter keinen Grund zur Beanstandung. Erotik muss nicht schmuddelig sein, so das Signal, und wird nicht allein von Charlotte Roche & Co. definiert.

Alles, was Helene Fischer tut und äußert, fügt sich in dieses sterile, makellose Bild, und paradoxerweise gelingt es ihr, überzeugend so tun, als interpretiere sie nicht nur eine gut einstudierte Rolle. Keine Skandale pflastern bislang ihren Weg, keine politischen oder moralischen Entgleisungen. Ja, selbst der heikelste, ihre Anhänger kurzzeitig verstörende Moment ihrer Karriere – die inzwischen beendete Liaison mit dem Volksmusik-Frontmann und frischgebackenem TV-Kapitän Florian Silbereisen – tat ihrer Popularität keinen Abbruch.

Konsequenterweise steigt Helene Fischers Marktwert als Werbeträgerin quasi stündlich. Sie bringt ihr erstes Parfüm auf den Markt, das – klug gewählt – den Namen »That's me!« trägt. »Feminin und verführerisch« sei der Duft, doch das erotische Volumen des auf Tangerine- und Pfirsichakkorden basierenden Wässerchens dürfte keine zu moschushaltige Schwere haben. Alles bleibt im Rahmen des Erwartbaren, und so nimmt es nicht wunder, dass Helene Fischer seit einiger

Zeit auch Frontfrau für die Nahrungsmittelindustrie ist. Nein, nicht als Sympathieträgerin für Champagner oder Lachsröllchen, sondern für einen soliden Wasserburger (Kräuter-)Butterproduzenten. Werbespots zeigen sie quietschvergnügt beim Grillen von Schweinenackensteaks und Maiskolben, auf denen sie lustvoll – so viel Laszivität muss sein – eine Scheibe Butter zerfließen lässt. Ja, das passt, denn Rollenkräuterbutter ist ein klinisch sauberes Produkt, das keine Arbeit macht. Kein mühsames Häckseln frischer Kräuter, kein Mörsern von Knoblauchzehen, kein Verkneten mit der Gabel – alles Schweißtreibende und Handwerkliche ist getilgt. Helene Fischer ist die adrett verpackte, dem Einheitsgeschmack angepasste Rollenkräuterbutter des Showgeschäfts.

Perfektion pur, das ist, was Helene Fischer verkörpert, doch gerade im Showbusiness ist die Fallhöhe groß. Wer zu selbstsicher auftritt, nährt die stillheimliche Sehnsucht, beim Fall der Makellosen irgendwann zusehen zu dürfen. Das Fischer'sche Vermarktungsteam hat diese Gefahr erkannt und versucht seit einiger Zeit gegenzusteuern. So finden sich auf ihrer CD *Farbenspiel* (2013) konsequenterweise Lieder, die suggerieren, dass sogar eine Helene Fischer Mängel wie wir alle habe. *Fehlerfrei* heißt der Auftaktsong, der das singende Ich in seinen Alltagsschwächen zeigt: »Manchmal bin ich kein Held, / kauf ein ohne Geld / und verpass den letzten Flug. / Die Wohnung sieht aus, / nur Chaos im Haus, / bin auf Übersichtsentzug.« Mit sich selbst »nicht ganz d'accord« ist dieses Wesen und schmeißt sich an sein fehlerbehaftetes Publikum heran: »Keiner ist fehlerfrei. / Was ist denn schon dabei? / Spinner und Spieler, / Träumer und Fühler, / hat diese Welt doch nie genug.«

Ein bisschen Unordnung daheim, zu spät am Flughafen –

Die Schlagerfans

Umsatzanteil Tonträger im Bereich Schlager/Volksmusik

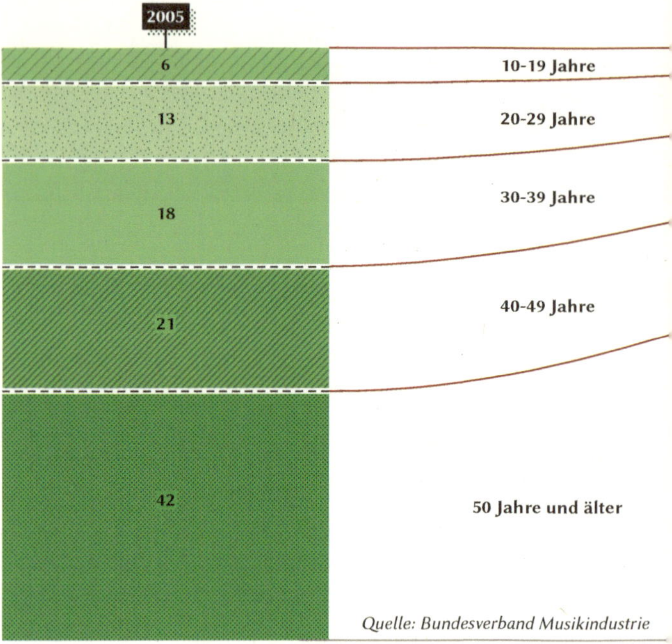

Quelle: Bundesverband Musikindustrie

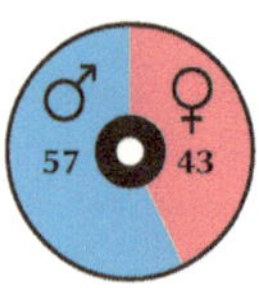

Umsatzanteil Tonträger und Downloads im Bereich Schlager/ Volksmusik 2015

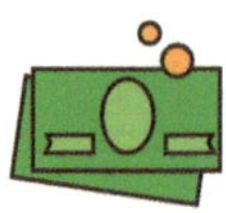

Der Umsatzanteil von Frauen ist insgesamt niedriger als der von Männern: Sie kaufen also entweder weniger Musikprodukte oder günstigere.

Die über 50-Jährigen tätigten 2015 38,3% aller Musikkäufe und tragen damit den größten Anteil am Musikgeschäft in Deutschland. Der Bundesverband Musikindustrie bringt es auf den Punkt: »Je älter der Konsument, desto mehr Geld gibt er für Musik aus.« Ihr Umsatzanteil ist in der Klassischen Musik am größten, gefolgt von Schlager (64%).

Umsatzanteil Tonträger und Downloads im Bereich Schlager/Volksmusik

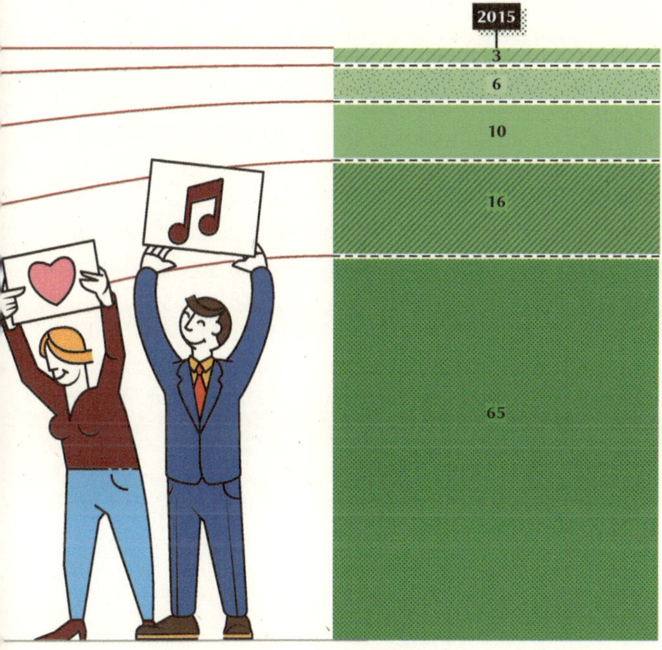

Einen annähernden Gleichstand zwischen den Geschlechtern gibt es bei Schlager/Volksmusik und Pop.

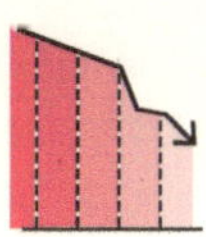

Der weibliche Anteil am Umsatz ist in allen Musikgenres in den letzten Jahren zurückgegangen, außer bei Schlager.

das reicht schon, um als Spinner und Spieler zu gelten. Und als Querdenker womöglich. Auch in Fischers Song *Mit keinem Andern* fällt das Revoluzzertum nicht kesser aus. Die Liebe zu einem Mann, der gern etwas »ganz Verrücktes« tut, schlägt sich in bahnbrechenden, ökologisch bedenklichen Handlungen nieder: »In zerrissnen Jeans – um die Häuser ziehn, / das kann ich mit keinem Andern. / Nachts mit Partylärm – alle Nachbarn störn, / das kann ich mit keinem Andern. / Auf der Autobahn – mit dreihundert fahrn, / so was kann ich nur mit dir.«

Zerrissne Jeans? Da war doch was … ja, damals, in Udo Jürgens' *Ich war noch niemals in New York*, der Ballade eines Bohnerwachsspießers, der vom Aussteigen träumt und davon, »in zerrissenen Jeans« durch San Francisco zu ziehen, ehe er zum Fernsehschirm zurückkehrt. Der Schlager will Träume vermitteln, Sehnsüchte nähren, ohne ernsthaft deren Realisierung in Erwägung zu ziehen. Kein Wunder, dass sich die mit Talenten gesegnete Helene Fischer in Berlin mit den WM-Siegern in akkurat eingerissenen Jeans zeigte – so viel Ausbruch, so viel Ausflippen muss sein.

Zum Erstaunlichen ihres Erfolgs gehört übrigens, dass ihre Schlager einschließlich der CD *Helene Fischer* (2017) selbst von hoher Konventionalität sind. Ihr Produzent und Komponist Jean Frankfurter, ein Branchen-Urgestein, baut auf eingängige, zeitgemäß poppig arrangierte Rhythmen von oft stampfender Eintönigkeit. Auch ihre Texte – viele aus der Feder der altbewährten Irma Holder und Kristina Bach – sind durch die Bank uninspiriert und setzen auf ein vertrautes Setting. Flammende Herzen, Paradiese, Lust zu fliegen, am besten atemlos durch die Nacht zu den Sternen und Wolken, bunte Träume, orkanartige Gefühle – das ist der geschmacksarme Metaphern- und

Liebessalat der Helene Fischer, der Andrea Bergs deutlich schmerzempfindlichere Lieder fast realitätsnah erscheinen lässt.

Das kann man beklagen, doch zur Wiedergeburt des verpönten deutschen Schlagers hat Frau Fischer sehr viel beigetragen. Weihnachten ohne ihre TV-Show ist mittlerweile für die meisten Deutschen nicht mehr vorstellbar. Schön, dass Dieter Thomas Heck das noch erleben durfte.

Dieser Sänger braucht nur ein Chanson – die Macht der Interpreten

Der Erfolg eines Schlagers hängt von vielen Faktoren ab. Je weiter die Gattungsgeschichte im 20. Jahrhundert voranschritt, desto größere Bedeutung erlangte der Interpret für die Vermarktung von Platten. Standen in den 1920er- und 1930er-Jahren die Komponisten und Textdichter im Mittelpunkt und war es damals keine Seltenheit, dass ein und dasselbe Lied von mehreren Sängern eingespielt wurde, so änderte sich das nach dem Zweiten Weltkrieg rasch. Wer für Melodie und Reime eines Schlagers verantwortlich war, hatte für die Öffentlichkeit kaum mehr Belang. Stattdessen ging es der Musikindustrie immer mehr darum, einen Interpreten mit unverwechselbaren Merkmalen als »Star« aufzubauen. Auf den Sänger, der – um Joe Dassin zu zitieren – »nur ein Chanson« brauche, kam es an, nicht auf die Lieferanten.

Das ist für Komponisten und Texter fraglos eine schmerzliche Erkenntnis und sie wird durch die – im Erfolgsfall – üppig fließenden GEMA-Tantiemen nicht restlos gelindert. Wer von den »normalen« Schlagerkonsumenten weiß schon, welche Verse wir Kurt Feltz, Günter Loose, Irma Holder, Carl-Ulrich Blecher, Ralph Maria Siegel, Heinz Korn, Bernd Meinunger, Hans

Bradtke, Georg Buschor, Kurt Hertha, Joachim Relin und Fini Busch verdanken? Am besten, Sie raten selbst – auf Seite 42!

Selbst ein genialer Komponist wie Christian Bruhn, mit guten Gründen als »Mozart des Schlagers« tituliert, scheint bisweilen mit dieser Backgroundrolle zu hadern – obwohl er es auf über 2000 bei der GEMA gemeldete Titel, darunter viele große Hits, eine Villa in München-Solln und fünf Ehefrauen gebracht hat. Seine von keinem Lektor nachhaltig beeinflusste Autobiografie *Marmor, Stein und Liebeskummer* (2005) zeugt davon und enthält Bildlegenden wie »Der bereits Erfolgreiche sitzt für den Fotografen am Klavier«. Und wenn wir schon bei Bruhn sind, stellen Sie sich dem Quiz auf Seite 52.

Zurück zu den Interpreten: Einer der ersten Schlagersänger, der gezielt als »Marke« aufgebaut wurde, war Freddy Quinn. Der Heimweh-Interpret avancierte zum »Star« der populären Musik, zum Idol, dessen Markenzeichen bewusst gepflegt wurden. Die Plattenindustrie baute ihn zum nachdenklich gestimmten, rätselhaft traurigen Sänger auf, der – so hieß es – selbst zur See gefahren sei und die von ihm besungene Einsamkeit authentisch verkörpere. Dazu gehörte, dass man Freddys Vita in ein undurchschaubares Dunkel tauchte. Etliche Angaben, bis hin zu seinem Geburtsort, wurden frei erfunden und variiert. Sein Biograf Elmar Kraushaar hat in *Freddy Quinn. Ein unwahrscheinliches Leben* (2011) etliche Anstrengungen unternommen, um Dichtung und Wahrheit auseinanderzudividieren.

Zur identitätsstiftenden Rolle des Schlagers gehört das wesentlich: In dem Maße, wie Komponisten und Texter von der Medienbühne verschwanden, entwickelte sich ein Starkult, der den Erfolg oder Misserfolg eines Liedes wesentlich prägte. Je stärker sich Platten über Musik- und Jugendzeitschriften

Wer hat diese Lieder getextet...

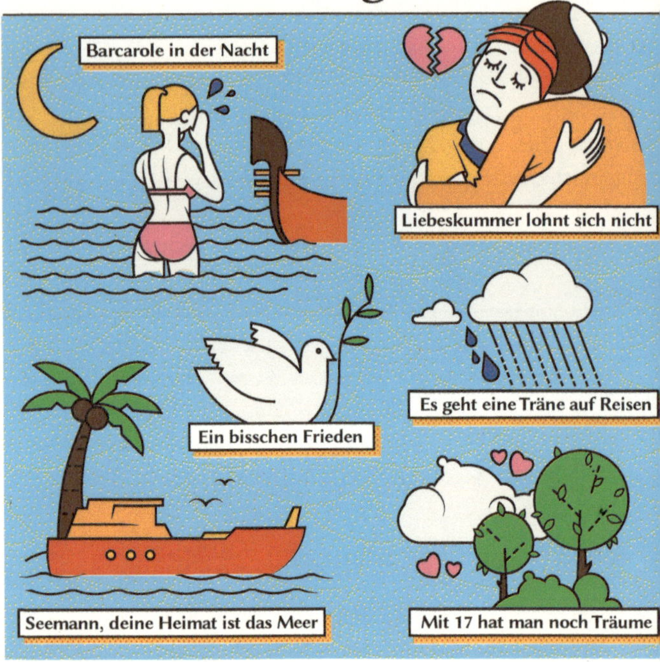

LÖSUNGEN

Irma Holder/ Andrea Berg........................ *Du hast mich tausendmal belogen*

Carl-Ulrich Blecher.. *Es geht eine Träne auf Reisen*

Joachim Relin.. *Geh nicht vorbei*

Georg Buschor... *Liebeskummer lohnt sich nicht*

Hans Bradtke... *Das kannst du mir nicht verbieten*

Heinz Korn... *Mit 17 hat man noch Träume*

???

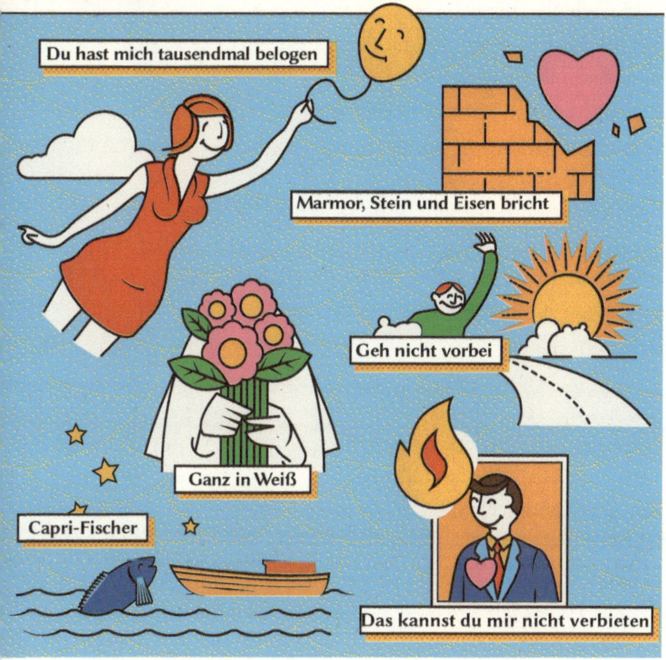

Kurt Feltz .... *Barcarole in der Nacht*

Bernd Meinunger .... *Ein bisschen Frieden*

Kurt Hertha .... *Ganz in Weiß*

Fini Busch .... *Seemann, deine Heimat ist das Meer*

Ralph Maria Siegel .... *Capri-Fische*

Günter Loose .... *Marmor, Stein und Eisen bricht*

oder das Fernsehen promoten ließen, desto wichtiger wurde das Image der Interpreten. Produzenten suchten auf diesem Feld nach Nischen, die es je nach Zielgruppe aufzufüllen galt. Nachdem die kleine Conny Froboess (*Pack die Badehose ein*) unumgänglicherweise größer geworden war, stand an, das umsatzträchtige Terrain des Kinderstars neu zu besetzen. Der Niederländer Heintje (*Mama*) erfüllte, bis zum Stimmbruch, diese Rolle perfekt, und in regelmäßigen Abständen wurden Versuche unternommen, kindliche Sympathieträger zu Schlagersängern zu machen.

Der Starkult erfordert meist eine Konstanz des Auftritts. Freddy-Anhänger wollen »ihn« so sehen, wie sie ihn immer sahen. Wie Liedzeilen zu biografischen Angelpunkten für den Einzelnen werden, so begleitet das unveränderte Outfit, der kaum variierte Habitus eines Sängers den Zuhörer. Die Fälle, in denen es Künstlern gelang, überzeugend zu anderen Ufern aufzubrechen, sind selten: Peter Maffay, bekannt geworden mit großartigen Schmachtschnulzen wie *Du*, benötigte viele Jahre, um sich als Rocksänger halbwegs zu etablieren. Andere bleiben – notgedrungen oder freiwillig – das, was sie immer waren: Tony Marshall ist der Stimmungsmacher, Heino (bis zu seiner schrecklichen Anbiederung an die aktuelle Musikszene) der vaterländische Bergvagabund, Lolita die Seemannsbraut, Peter Kraus der ewige Rock'n'Roller, Chris Roberts der Mädchenschwarm, Roy Black der leicht traurige Schmusesänger, Mireille Mathieu der Spatz von Avignon, Gunter Gabriel der notleidende Underdog … Bisweilen mag das der Karriere dienen; mitunter freilich leidet darunter die künstlerische Entfaltung. Bill Ramsey und Gitte blieben lange als Jazzinterpreten unterschätzt, und eine Sängerin wie Nana Mouskouri (*Weiße Rosen aus Athen*), deren Hornbrille selbst seit Jahrzehnten die

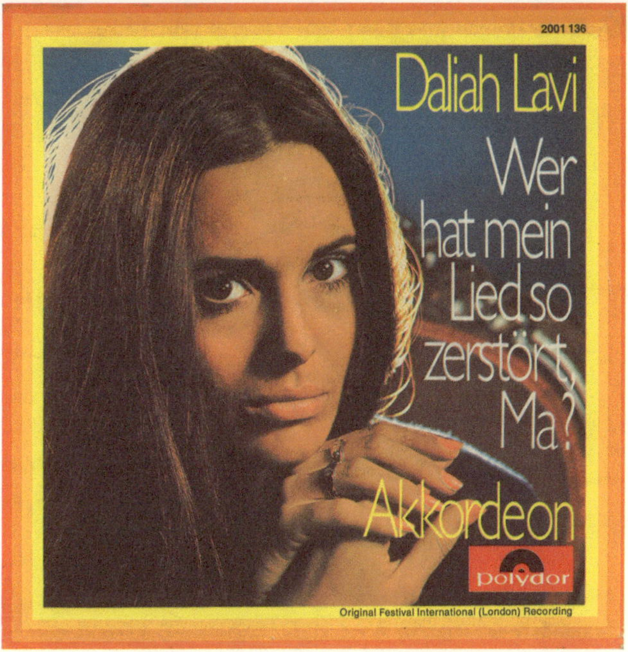

War sie nicht schön? Und dazu noch aus Israel – fast ein Alleinstellungsmerkmal, das Daliah Lavi (*Willst du mit mir gehn?*) in den Siebzigern besaß.

gleiche geblieben zu sein scheint, erreichte zumindest in ihren deutsch gesungenen Liedern fast nie ihr immenses musikalisches Potenzial.

Je mehr Künstler in der Öffentlichkeit und in den Medien präsent sind, desto heikler ist die Frage, mit welchem Image der größte Effekt zu erzielen ist. Spätestens als die Beatles und die Rolling Stones Heerscharen von Fans in die Ekstase trieben und das Zerstören von Hotelinventar zum üblichen Verhalten eines Popstars gezählt wurde, galt es, genau abzuwägen, wie verwegen, wie aufmüpfig oder wie brav das Bild des Künstlers gezeichnet werden soll. Daran hat sich von Freddy bis Helene Fischer wenig geändert. Wie unterschiedlich Marketingprofis mit dem Image von Schlagersängern arbeiten, will ich an drei ganz unterschiedlich gelagerten »Fallbeispielen« erörtern, an Peter Alexander, Drafi Deutscher und Howard Carpendale.

Peter Alexander

Keiner, der in den siebziger und achtziger Jahren aufwuchs und wesentliche Sozialisationserfahrungen aus dem Fernsehen bezog, kam an Peter Alexander vorbei. Spätestens nachdem im ZDF 1969 erstmals die *Peter-Alexander-Show* ausgestrahlt wurde und eine Sehbeteiligung von über siebzig Prozent erzielte, gehörte der 1926 in Wien als Peter Alexander Neumayer geborene Künstler zum Ehrengast auf deutschen und österreichischen Wohnzimmersofas. Was man damals mit Namen wie Peter Frankenfeld, Hans-Joachim Kulenkampff oder Vico Torriani verband, kulminierte in Alexanders *Spezialitäten*-Sendung, die den Samstagabend zu einer generationsübergreifenden Begegnung vor dem Fernsehschirm machte. Musikalisch begleitet von dem Bandleader Heinz Kiessling, bildeten die Shows eine kaum auf einen Nenner zu bringende Mischung unterschiedlichster Elemente. Schauspiel-, Gesangs- und Parodieeinlagen verbanden sich zu einem Potpourri, das harmoniesüchtigen Zuschauern störungsfreie Unterhaltung und ein beachtliches Aufgebot internationaler Stargäste versprach.

Zusammengehalten wurde dieser Quotensegen durch eine Conférence, die sich ganz den Begabungen Alexanders anpasste. Von 1946 bis 1948 hatte dieser eine Schauspielausbildung am Max-Reinhardt-Seminar, begleitet unter anderen von Annemarie Düringer, Ernst Stankovski oder Gerhard Riedmann, absolviert. Drei Jahre später debütierte er mit *Das machen nur die Beine von Dolores* als Schlagersänger, und schon wenig später wechselte er zum Film, wo er in meist zu Recht vergessenen Unterhaltungsfilmen – darunter *Im weißen Rössl* und die *Graf Bobby*-Trilogie an der Seite von Gunther Philipp – mit Gesang und Klamauk sehr leichte Kost verabreichte. Dass sein schauspielerisches Vermögen vor allem im komödiantischen Fach lag, kam seinem überragenden Fernseherfolg – die letzte Folge seiner Show wurde 1995 gesendet – zugute. Denn für die im Samstagabendformat unverzichtbaren Sketche zog Peter Alexander alle Register, um Großeltern wie Enkelkinder gleichermaßen auf einfache Weise zu erheitern. Wenn er die Mitglieder des britischen Königshauses und das österreichische Original Hans Moser (bei einer Papstaudienz) parodierte oder mit Larry Hagman und Johnny Cash Schunkelliedgut wie *Jung samma, fesch samma* zum Besten gab, konnte er der Begeisterung von Flensburg bis Klagenfurt sicher sein. Abschlagen konnte man diesem gewinnend auftretenden Showmaster offenbar nichts.

Wie alle Unterhaltungskünstler, die sich den Geschmacksveränderungen zum Trotz über Jahrzehnte behaupten, arbeitete er mit Fleiß und Professionalismus daran, seine Talente zu variieren und gleichzeitig Wiedererkennbarkeit zu suggerieren. Gekonnt, so 1972 der Musikwissenschaftler Siegmund Helms, charmierte er sich »durch die Show-Stile von Wien bis zum Musical, Chansons und Schnulzen inklusive«. Alexander,

der von seiner Ehefrau Hilde gemanagt wurde, avancierte in diesen Jahren zu einem der erfolgreichsten Entertainer im deutschsprachigen Raum; seine Tourneen wurden zu Kassenschlagern. Anders als Kollegen wie der Niederländer Lou van Burg (*Der goldene Schuss*), die durch Seitensprung- oder Steuerskandale auffielen, bot Alexander eine ideale Projektionsfläche für einen Biedersinn, der sich durch die von den Studentenunruhen, der sexuellen Revolution oder dem Baumsterben bestimmten Zeitthemen nicht beeinträchtigt sehen wollte. Mit seinem einschmeichelnden Lausbubenlächeln und seinem Augenaufschlag, den manche als Dackelblick verspotteten, gab der immer jugendlich wirkende Wiener Halt in unsicherer Zeit. Seine Scherze überstiegen nie die Grenzen des sogenannten guten Geschmacks, was ihm seine mit ihm älter werdende Klientel herzlich dankte. Heranwachsende, die auf die Rolling Stones, Franz-Josef Degenhardt oder Alice Cooper standen, konnten folglich mit Alexander und seinen sedierend wirkenden Unterhaltungsprogrammen wenig anfangen.

Neben den TV- und Tourneeerfolgen gelangen Alexander knapp dreißig Top-10-Platzierungen in den Verkaufscharts. Angefangen mit dem verblüffend sozialkritischen *Die süßesten Früchte fressen nur die großen Tiere* (1952), reicht die Hitliste von *Der Mond hält seine Wacht* (1955), *Der letzte Walzer* (1967) über *Liebesleid* (1969) bis zu *Zeit der Rosen* (1987). Dass dabei auch Produktionen entstanden, die Peter Alexanders Kapazitäten überstiegen, wundert nicht. Seine Coverversionen von Elvis Presleys *Are You Lonesome Tonight* oder Don Williams' *Some Broken Hearts Never Mend* zählen fraglos zu den schrecklichsten deutschen Schlagererzeugnissen und sorgen noch heute für eiskalte Rückenschauer.

1976 glückte ihm mit *Die kleine Kneipe* ein grandioser Hit, der sich ungebrochener Beliebtheit in Wunschkonzerten erfreut. Der von Michael Kunze stammende Text – auf eine Melodie des Niederländers Pierre Kartner – spiegelte die Sehnsucht nach einfachen, gleichbleibenden Werten, die Peter Alexander seit jeher perfekt zu verkörpern wusste. Das Heile-Welt-Märchen von der Eckkneipe (in der österreichischen Version: *Das kleine Beisl*), wo jeder Kredit habe und keiner danach frage, »was du hast oder bist«, beglückte auch jene, die ihr Feierabendbier nur zu Hause konsumierten.

Der in Alexanders Liedern transportierte Glaube an traditionelle Familientugenden (wie auch in *Immer auf die Kleinen* oder *Papa wird's schon richten*) bot ein vor Anbiederung nicht Halt machendes Kontrastprogramm zu »Problemthemen«, die seit Anfang der siebziger Jahre sogar den Schlager zu bevölkern begannen. Schon deshalb schieden sich an Alexander bald die Geister: Sein Stammpublikum, zu dem durchaus auch jugendliche Schlagerfans zählten, pries ihn dafür, scheinbar zeitlose Wirtschaftswunder-Errungenschaften hochzuhalten, während diejenigen, die auch in der Musik an die Revolution glaubten, an seinen Lobgesängen auf kleinbürgerliche Sekundärtugenden verzweifelten.

Drei Jahre zuvor, als sein Landsmann Udo Jürgens in *Ein ehrenwertes Haus* demonstrativ den Mustopf des betulichen Schlagers zerschlagen wollte, wagte es sogar Alexander, sich sozialliberales Gedankengut auf die Fahnen zu schreiben und dem Zeitgeist maßvoll Tribut zu zollen. In *Hier ist ein Mensch*, einem von Kurt Feltz stammenden »jesusmäßigen Text« (Robert Gernhardt), verschob er behutsam das Fundament seiner Lieder und erinnerte mit unterdrücktem Pathos daran, dass ökonomisches Gedeihen keineswegs für alle Mitglieder der Gesellschaft Früchte trägt: »Hier ist ein Mensch, / der ist allein. / Du bist es nicht. / Ruf ihn herein. / Du willst das nicht hören. / Wer sich plagt, / sagst du, gewinnt. / Doch du müsstest wissen: / Auch das Glück ist manchmal blind.« Die Popularität, die dieser kirchentagstaugliche Hit erlangte, zeigte sich zuletzt darin, dass er den Status der Parodiewürdigkeit erhielt – in Zeilen, die sich über die appellativ eingeforderte Nächstenliebe lustig machten: »Hier ist ein Mensch, / der muss aufs Klo. / Gib ihm Papier, / dann ist er froh.«

Der gnadenlos freundliche Peter Alexander bildete so über Jahrzehnte hinweg eine gut frisierte Hochglanzfassade, hinter die sein Publikum und selbst Journalisten selten blicken durften. Konsequent auf seine Außenwirkung achtend, ließ er es nicht zu, dass sein Bild Kratzer abbekam, und gerade diese statuarische Wirkung macht vielleicht das Geheimnis seiner dauerhaften Anerkennung aus. Nach dem Tod seiner Frau 2003 zog er sich weitgehend aus der Öffentlichkeit zurück. Im Februar 2011 starb er.

Wer es sich heute antut, einen Nachmittag mit Ausschnitten aus Alexander-Filmen oder Alexander-Shows zu verbringen, braucht gute Nerven. Zu albern und wirklichkeitsverleugnend kommt einem das vor, mit was sich damals die unterhaltungserpichten Menschen abspeisen ließen. Wie sehr sich unsere Gesellschaft in den letzten fünfzig Jahren verändert hat, ist an Peter Alexanders Schaffen ablesbar. Der Schriftsteller Daniel Kehlmann, selbst ein in Kindertagen vom Unterhaltungsfernsehen Geschädigter, hat in seinen Frankfurter Poetik-Vorlesungen *Kommt, Geister* (2014) Peter Alexanders Filme nebst Gesangseinlagen als Beispiel deutscher (und österreichischer) Nachkriegsverdrängung gedeutet.

Drafi Deutscher

Als Konrad Adenauer Bundeskanzler war, gab sich die alte Bundesrepublik, zumindest an der sauber polierten Oberfläche, sittsam. Im Kino liefen treuherzige Heimatschinken, und erste Fernsehserien wie die *Firma Hesselbach* streuten kaum Sand ins moralisch einwandfreie Getriebe. Auch der deutsche Schlager ließ keinen Zweifel an seiner Lauterkeit und schickte ältere Schnulziers wie Rudi Schuricke und René Carol oder sittsame Mädchen wie die niederösterreichische Kindergärtnerin Lolita und das ponyvernarrte *Immenhof*-Mädel Heidi Brühl auf die Bühne.

Erst als sich der angloamerikanische Rock'n'Roll und Pop langsam ausbreiteten, öffneten sich die konservativen Schlagerzirkel und kreierten mit Ted Herold, Peter Kraus oder Bernd Spier für den Nierentisch gezähmte Deutschrocker – deren Skandalfaktor freilich gegen Null ging. Erst mit dem blutjungen Drafi Deutscher, Sprössling einer Roma-Familie, veränderte sich die aseptische Szene, und die Heile-Welt-Fassade zeigte Risse. Der 1946 im rauen Berliner Stadtteil Wedding geborene Sänger wollte unbedingt nach oben und schaffte das in wenigen Jahren. Von Heino Gaze entdeckt, sagte er sich vom *Ganz in Weiß*-Gesäusel seiner Branchen-Altersgenossen los und kam 1964 mit *Shake Hands*, dem »ersten originär deutschen Beathit« (Thommi Herrwerth), auf Platz 1 der Singlehitliste.

Einen Ehrenplatz in der »Hall of Fame« des deutschen Schlagers sicherte sich Deutscher ein Jahr später, als er das von Christian Bruhn komponierte und von Günter Loose unnachahmlich getextete *Marmor, Stein und Eisen bricht* aufnahm, das sich trotz seiner eigenwilligen Handhabung der Gramma-

Welcher Hit ist nicht von Christian Bruhn?

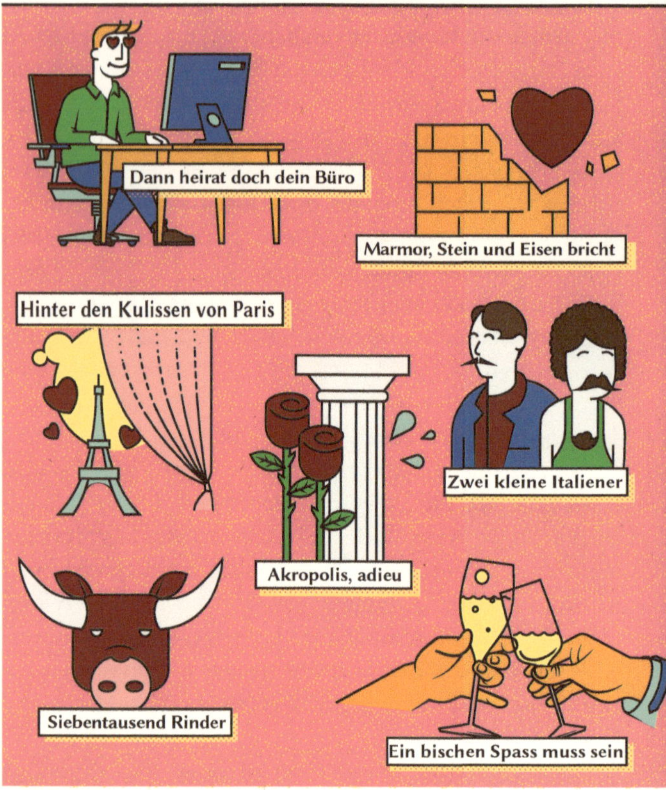

LÖSUNGEN

Die wurden von Ralph Siegel bzw. Michael Holm und Rainer Pietsch komponiert.

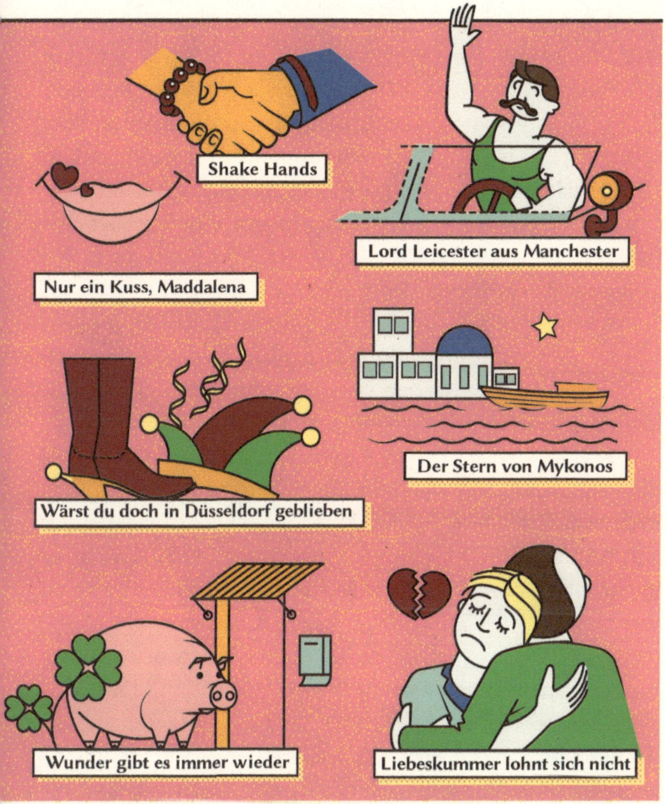

Dann heirat doch dein Büro und Nur ein Kuss, Maddalena stammen nicht von Christian Bruhn.

tik 22 Wochen unter den Top 10 hielt und bis heute einen Ruf als unverwüstlicher Partysmashhit genießt.

Warum es gerade dieser Zweieinhalb-Minuten-Schlager zu solchem Erfolg brachte, lässt sich nicht eindeutig beantworten. War es das geniale musikalische Eröffnungstrommeln? Die Verse von anmutiger Schlichtheit wie »Weine nicht, wenn der Regen fällt« oder das lautmalerisch einmalige Intermezzo »Dam, dam, dam, dam«, das selbst textunkundigen Menschen ein Nachsingen leicht machte? Oder war es vor allem dieser rotzige Interpret, der sich auf Plattencovern oft mit so aufmüpfig-ernstem Blick zeigte? Auch die englische Version schaffte es immerhin auf hintere Plätze der US-Charts, und selbst im Französischen, durch das sich Drafi Deutscher quälen musste, bewahrt Bruhns Komposition einigen Reiz.

Nichts schien die Karriere des jungen Berliners aufhalten zu können – nur er selbst. Die Gratwanderung, als Unterhaltungskünstler Unangepasstheit auszustrahlen und gleichzeitig die bürgerlichen Normen zu wahren, glückte nicht lang. Kurz nach dem Durchbruch erlitt Drafi Deutschers Karriere einen heftigen Knick. Der erste Schlagersänger, »von dem man wusste, dass er einen Unterleib besitzt« (Frank Laufenberg), wurde wegen Erregung öffentlichen Ärgernisses angezeigt, weil er sich nackt an einem Fenster zeigte. Ob das vielleicht nur geschah, um sich im stark angetrunkenen Zustand Erleichterung zu verschaffen, blieb offen. Mit aller Scheinheiligkeit des geschürten Volkszorns erklärte die Boulevardpresse Drafi Deutscher zur Unperson. Sein Fall steht kennzeichnend für die Doppelmoral jener muffigen sechziger Jahre. Noch gaben sich die Rundfunk- und Fernsehanstalten als penible Hüter von Anstand und Sitte und wollten nicht dulden, dass ein vermeintlicher Exhibitionist für seine Lieder ein Forum fand. Gewiss, als Waisenknabe galt Drafi Deutscher nie, ungezählt seine Affären, seine Alkoholexzesse, seine Konflikte mit Plattenfirmen und Finanzamt. Christian Bruhn erinnert sich in seiner Autobiografie an ein Gespräch mit Deutscher, in dem dieser den Unterschied der beiden Schlagergefährten hervorhebt: »Du bist ein Bürger, ich nicht.«

Aus dem »Rebel without a cause« wurde ein Künstler, der sich von allen Flops erholte und sein Geld zeitweilig hinter den Kulissen verdiente. Als Komponist und Produzent – etwa mit *Mama Leone*, *Silver Bird* oder *Belfast* – hatte er große Erfolge zu feiern. Während er selbst die Bob-Dylan-Gemeinde erschütterte und *Wigwam* mit *Weil ich dich liebe* coverte, trat er zusammen mit Tina Rainford, seiner zweiten Ehefrau Silvia und Kristina Bach auf. Die neuen technischen Möglichkeiten nutzend, fügte er Synthesen wie die Gruppen Mixed Emotions oder Masquerade zusammen und landete 1983 mit *Guardian Angel* einen Welthit, der Nino de Angelo in der deutschen Fassung *Jenseits von Eden* gleich mit an die Hitparadenspitze geleitete.

Auch als das Haar schütter und ein breiter Hut zu seinem Markenzeichen wurde, erfand sich Drafi Deutscher immer wieder neu. Sein legendäres Ansehen freilich verdankte er bis zuletzt *Marmor, Stein und Eisen bricht*, das alle Guildo-Horn-Revival-Wellen überdauerte. Welches Ansehen dieses Lied genießt, erfuhr auch die Schriftstellerin Brigitte Kronauer: Als man sie 1996 an die Universität Porto einlud, sollte ein einheimischer Studentenchor die Gäste mit alten deutschen Volksliedern erfreuen. Den Abschluss – nach *Auf einem Baum ein Kuckuck saß* – bildete jene *Marmor*-Weise, die die Anwesenden in Verzückung versetzte: »Die vorwiegend akademischen Zuhörer gerieten plötzlich aus dem Häuschen, klatschten bei der verlangten Wiederholung nahezu vollzählig mit und summten hier und da noch am Buffet in nachwehender Begeisterung zu portugiesischen Törtchen, womöglich ohne es zu bemerken, den Refrain.« Welcher andere Schlagersänger hat je Vergleichbares erreicht?

Howard Carpendale

Ich gehöre nicht zu jenen Schlagerenthusiasten, die ständig Körper- oder Sichtkontakt mit Sängerinnen und Sängern suchen. Aus der Ferne zu huldigen ist manchmal auch schön, manchmal sogar besser. Dennoch: Ab und zu muss der Gefahr möglicher Entrückung vorgebeugt werden, und dann heißt es, stark und tapfer zu sein ... und selbst vor einem Abend mit Howard Carpendale nicht zurückzuschrecken. Zweimal in meinem Leben habe ich seine Konzerte besucht, unvergessliche Abende beide Male, zum ersten Mal 1999 in Hamburg, als Norddeutschlands Hairstylisten in dieser Woche gut verdienten. Ich sehe mich immer noch, in Reihe 26 des Congress Centrums Hamburg, umzingelt von blond drapierten Frauen meist mittleren Alters, die keine Dauerwelle, kein Strähnchen, kein Kleister-Make-up scheuen und vom Tigerjäckchen bis zum semitransparenten Body mit allem bewaffnet sind, was der Kleiderschrank hergibt.

Im ausverkauften Saal knistert latente Erwartung, die eine Spur knisternder Erotik aufweist. Ein Gläschen Sekt dient der Auflockerung, Operngläser werden gezückt, die Show kann beginnen. Rund 3000 Howard-Carpendale-Fans haben sich eingefunden, meist Frauen, wie gesagt, die die besseren Hälften am heimatlichen Couchtisch zurücklassen, um der Erinnerungsseligkeit des Abends unbelästigt nachspüren zu können. Zu vorgerückter Stunde, kurz vor 22 Uhr, werden diese Frauen aus sich herausgehen, nein, meine Sorge war unberechtigt, sie werden nicht fanatisiert Wonderbras oder sich selbst auf die Bühne werfen, sie werden Contenance bewahren, selbst wenn die verblichenen Spuren im Sand oder die endlich verzogene Alice besungen werden.

Das Höchstmaß hanseatischer Entrückung und Verzückung beschränkt sich darauf, die im Foyer preisgünstig erworbenen Leuchtherzen und Blinkstäbe hin und her zu wiegen, sobald Howie, wie ihr Star gerne genannt wird und lieber nicht genannt werden möchte, mit stockender Inbrunst sein Bekenntnis *Ti amo* schmettert. Manche routinierte Konzertgängerin greift auf das mitgeführte Feuerzeug zurück, um im abgedunkelten Saal jene Stimmung zu erzeugen, die man im unauratischen Zeitalter für das romantische Nonplusultra hält. Die mehr oder minder geschmacklose Laserdekoration auf der Bühne liefert die passenden Einstellungen: Strand- und Kussszenen, ein paar Rosen zwischendurch, samt und sonders Motive, die früher jeder Fototapete im Partykeller zur Ehre gereicht hätten.

Ehrlich gesagt: Diese fremden Frauen flößen mir Angst ein. In ihrem normalen Pinneberger oder Bergedorfer Leben erregen sie vermutlich wenig Aufsehen, doch hier, keinen Asti-Spumante-Flaschenwurf entfernt, wecken sie in ihrer ungehemmten Demonstration von Ergriffenheit die Befürchtung, sie könnten, sobald sie wieder Pinneberger oder Bergedorfer Boden unter den Füßen haben, damit beginnen, die Carpendale'schen Weisheiten auf ihren Alltag zu übertragen, den Gatten also abends mit einem lässigen *Hello Again* zu begrüßen, den Kindern die Philosophie von *Du fängst den Wind niemals ein* zu erläutern oder »nachts, wenn alles schläft«, den CD-Player anzuwerfen. Ich bin froh, weder in Pinneberg noch in Bergedorf zu wohnen.

Die gemeine Carpendale-Anhängerin ist, wie erwähnt, eine Person in der Altersgruppe zwischen vierzig und sechzig. Ihre Leidenschaft für den Blonden aus Südafrika ist eine Leidenschaft für die eigene Jungmädchen- und Jungfrauenzeit. Kaum eine an diesem Abend möchte ernstlich hören, was Howies neue Lieder zu sagen haben. Tapfer erträgt man die erste Konzerthälfte, wissend, dass diese Sachen sowieso kein Hit werden, erduldend, dass der Sänger mehrfach zu seinem schlechtesten Stilmittel, dem Deklamieren von Coverversionen (Cher, Céline Dion), greift. Erleichterung stellt sich ein, als Howie nach langen vierzig Minuten endlich die Retrophase ankündigt. Die angestammte Sitzordnung wird aufgegeben; die Menschen stehen auf (ich und die Frauen vor mir auch) und strömen nach vorne; als nach der Pause Mittfünfziger Howard trotz leichten Übergewichts die Lederhose anzieht und zurückkehrt in seine große Zeit, die – so funktionieren die Gesetze der Autosuggestion – natürlich auch die große Zeit seiner weiblichen Kundschaft war.

Wer das Wirken des Künstlers Carpendale verstehen will, muss eintauchen in die Jahre seiner Anfänge, als er in seiner Heimat als Elvis-Imitator reüssierte und anschließend in Deutschland mit *Das schöne Mädchen von Seite 1* das Deutsche Schlagerfestival gewann. 1966 gab Howie im schönen Wuppertal sein erstes Konzert in Deutschland. Bald fünfzig Jahre ist er jetzt bei uns, hat als Backgroundstimme das Kommen und Gehen zahlreicher Regierungen begleitet und wurde dennoch nie müde, auf die Schlagerrennbahn zu traben, wo ihm das nicht minder älter gewordene Publikum freudig das üppige

Gnadenbrot reicht. Carpendales Frühwerk zeichnet sich durch eine gewisse Hauruck-Seligkeit aus, wie sie viele Songs der Siebziger bis zum Erbrechen propagierten. Wie viele andere verkörperte der mit – so wollte es die Mode damals – schulterlanger, eingeölter Frisur auftretende Carpendale die robuste Seite der händeklatschenden Hitparadenfröhlichkeit. Mit der rätselhaften Dunkelheit eines Bernd Clüver oder der taigaschweren Schwarzhaarigkeit einer Alexandra hatte Howard nichts zu tun. Dass sein erster Hit mit seinem Begehren, eine Frau per Versandhauskatalog zu bestellen (»… das möcht ich haben und weiter keins«), mit dem sich anbahnenden Feminismus wenig am Hut hatte, störte das in dieser Hinsicht unempfindliche Publikum nicht sonderlich. Howard galt als die exotische und dennoch blond-vertraut wirkende Alternative des Schlagergeschäfts, zumal mit den meisten zugereisten Sängern der fünfziger und sechziger Jahre kein richtiges Geschäft mehr zu machen war. Ihr fremdländischer Charme verblasste; da kam ein anständig und adrett gekleideter Mann vom Kap gerade recht, zumal von dort kaum mit weiteren Gastarbeitern zu rechnen war.

Der eigentlich geniale Schachzug im Carpendale'schen Werdegang vollzog sich wenige Jahre später. Rechtzeitig machte er sich auf, dem zeitgeistbedrohten Mitklatschstampfrhythmus abzuschwören, komponierte sein Liedgut nun oft selbst und schuf zusammen mit Texter Fred Jay jene Stücke, die das Herz des Hörers noch heute zu bewegen wissen. Howard ist, das muss der Neid ihm lassen, mehr als ein One-Hit-Fuzzi aus der sozialliberalen Zeit des Schlagerschwanengesangs. Mit feiner Intuition nahm Howard, der – so die Kulturjournalistin Andrea Köhler – die »Selbstzweifel in die Stadthallen« trug, diese Elemente des Niedergangs in sein Repertoire auf und gab sich konsequent als waidwunder Macho, der um die Stärken des Mannes weiß und gleichzeitig ahnt, dass dessen letztes Stündlein bald geschlagen hat. Die Mehrzahl seiner Lieder, meist elegisch-melodiös ausgerichtet, erzählt in erstaunlicher Dichte von Männerschicksalen, wie sie die Literatur dieser Zeit (abgesehen vielleicht von Peter Handkes *Die Stunde der wahren Empfindung* oder Peter Härtlings *Das Windrad*) nicht hervorgebracht hat. Carpendales Helden sind verletzte Kreaturen, die – ein typisches Signal der Zeit – das Unglück selbst heraufbeschwören und im Nachhinein, mal verstehend, mal trotzig, das Rad der Geschichte zurückdrehen wollen.

Kein Zufall ist es, dass eine Vielzahl der Lieder Nachtmotive einsetzt. Der Fluchtpunkt dieses Denkens und Fühlens findet sich in dunklen Gassen, in menschenleeren Straßen, durch die das lyrische Ich verlassen und in nachdenklicher Grundhaltung streunt (»nach einer Nacht ohne Sinn«), oder am nicht minder einsamen Meeresstrand, wo die unnachgiebige Flut die sandigen Fußstapfen der Geliebten mitnimmt. *Nachts, wenn alles schläft* oder *Auf der langen Reise durch die Nacht* heißen diese beispielhaften Rekurse auf die romantische Tradition, Texte allesamt, die der weiblichen Zuhörerschaft ein gewisses Maß an Einsicht verheißen, ohne als sich windender Schwächling aufzutreten.

Howard gibt sich – das ist sein Trick – verhalten zerknirscht. Eingeständnisse wie »Heute weiß ich, ich habe es mir zu leicht gemacht« oder »Manchmal weint auch ein Mann« gehen ihm leicht von den Lippen; die Frau soll seine Schuldgefühle wahrnehmen und zugleich erste Anteilnahme zeigen. Der streunende Wolf, der im Howard-Schafspelz steckt, tut sich mit der Damenwelt insgeheim schwer. Er ist selbstverständlich ein »homme à femmes«, einer, der nichts anbrennen lässt, ehe er reumütig erkennt, dass die Betrogene vielleicht doch die adäquate Partnerin war. »Ich wollte frei sein, doch jetzt frage ich mich, wofür«, tönt der tumbe Tor und hofft, dass, wie in *Hello Again*, auch nach einem Jahr Abwesenheit die Verlassene in der Wohnung sitzt und nichts Besseres zu tun hat, als auf ihn zu warten.

Genau besehen, fürchtet dieser Sänger die Sphäre der autonomen Frau. »So wie der Wind bist auch du« heißt die Angstformel, die das Ungebändigte und Ungezähmte als Bedrohung seiner Männerseele versteht. Wütend schleudert er der unwilligen Gefährtin ein ungestümes »Dann geh doch« entgegen, als ließe sich heute noch darauf bauen, dass das dumme Stück erkennen würde, was es an ihm hatte. Howard Carpendales Evergreens beschreiben Endzeitphänomene, die nur noch mühsam von herkömmlichen Gleitmitteln der marktgängigen Schlager zusammengehalten werden. Dass es nur um Sex gehe, müssen diese seit alters scharf zurückweisen, denn schließlich gehört der Primat der Liebe zum unumgänglichen Themenschatz dieser Gattung. »Es geht um mehr für mich als um die Nacht neben dir« oder »Es geht um mehr, als bei wem ich nachts liege« gibt Howie grammatikalisch kühn zum Besten, wissend, dass ihm dies nur die Naivsten unter seinen Anbeterinnen glauben werden.

Frauen spüren, wo der Hase im Pfeffer liegt, vor allem wenn Männer sich mit einem Selbstbild schmücken, das mit der Realität nichts zu tun hat. Dass Erich Fromms *Die Kunst des Liebens*, das – lang ist's her – die einfachsten Grundregeln liebevoller, wahrer Partnerschaft erklärte, zu Howies Lieblingslektüre zählt, glauben ihm Frauen unbesehen. Sie wissen ja aus eigener Erfahrung, was sie von der Liebesfähigkeit des Mannes zu halten haben. Howard Carpendale ist ihr Held, weil sie der grausamen Wirklichkeit des Geschlechterkampfes nicht immer gewachsen sind. Sie durchschauen seine Liederlügen und lassen es einen Abend lang zu, dass sich die Illusionen wie die bunten Nebelschwaden auf der Bühne über ihre Seelen legen.

Howard Carpendales Bild basiert auf einer überkommenen Virilitätspose, die es letztlich verhindert, dass ihm jene breite Anerkennung zukommt, auf die er, immer leicht beleidigt, bis heute hofft. In zahllosen Interviews hat unser Verächter der Apartheid-Politik (*Johannesburg*) alles getan, um sein Image auf Bodenniveau zu halten: »Männer sind in all ihrem Tun schwanzgesteuert« oder »Fremdgehen ist für einen Mann wie onanieren« lauten die zentralen Botschaften, die einen eigentümlichen Kontrast zur philosophischen Grundhaltung seiner skeptizistischen Lieder bilden. Vor diesem Hintergrund ist klar, dass Howards Leiden am Unverstandensein nie aufhören wird. Niemand wird ihn je als deutschen Elton John preisen, höchstens als dessen Pinneberger oder Bergedorfer Ramschausgabe.

Mittlerweile sind fast zwei Stunden im Hamburger Congress Centrum vergangen. Warme Wohlgestimmtheit durchzieht das Gebäude. Howard ist ein Star, sagen die Gesichter der Frauen um mich herum, doch sie spüren, dass er ein Leidender ist, dass seine Millionen ihn nicht glücklich machen und dass er irgendwann als vereinsamter Mann in Florida oder am Starnberger See enden wird. Ein mit Sicherheit blondes, junges Frauchen wird ab und zu an seiner Seite liegen, doch Howie wird, »traurisch wie ein Piano in der Nacht«, einsehen müssen: »Morgen früh wirst du gehn«. Bei aller Andacht, die dieser Abend zeigt, ist nicht zu verhehlen, dass ihn ein dezent ironischer Ton durchdringt. Die eingefleischten Howard-Fans huldigen ihrem Liebling, doch sie übertreiben nicht; eine Ahnung postmoderner Verkehrung steigt auf, als mit der deutschen Smokie-Fassung *Tür an Tür mit Alice* der Höhepunkt des Konzerts erreicht wird. Wann, denke ich mir, wirst du wieder gesittete Frauen mittleren Alters sehen, die den Spielball des Interpreten sofort aufgreifen und eine absichtsvoll eingebaute Kunstpause nutzen, um mit kräftiger Stimme ein »Who the fuck is Alice?« in den zum Glück abgedunkelten Saal zu rufen? Nichts mehr, so scheint es, wird in diesen Tagen ernst genommen; selbst einer wie Howard Carpendale muss das Spiel der selbstironischen Distanzierung mitspielen. Das wenigstens war damals in den herrlichen Siebzigern anders.

Die Frauen vor mir – wir sind jetzt zweieinhalb Stunden unter uns – wirken ermattet, als Howard nicht davon abzubringen ist, seine unerwiderte Liebe zu Elvis Presley in Form einer Medley-Zugabe zu demonstrieren. *In the Ghetto*, vorgetragen in der überzeichneten Carpendale-Intonation, das ist zu viel. Die ersten brechen auf, es ist spät geworden, man muss früh raus morgen, denn schließlich zählt man nicht zu denen, die nächtens durch die Stadt ziehen. Das besorgt Howie stellvertretend für uns, in seinen Liedern zumindest. Dann geht doch.

2003 war ich wieder bei einem Howie-Konzert, auf seiner Abschiedstournee. Woraus nichts wurde, denn er tritt bis heute auf. Bücher hat Carpendale übrigens auch vorgelegt, darunter sein autobiografisches Werk *Von oben sieht alles anders aus*, das natürlich zu einem »Bestseller« wurde und, sagt er, »auch literarische Kritiken« bekam. Und während er in Liedern wie *Du fängst den Wind niemals ein* das Flüchtige des Irdischen beschwört, hofft er gleichzeitig, als Literat diese Erkenntnis zu widerlegen: »Ein Buch überdauert.«

Es gibt Menschen, die im Hier und Jetzt ruhen, und es gibt

Menschen, die rast- und ruhelos durchs Leben eilen. Und dann gibt es welche, die so tun, als ob sie wie ein Fels in der Brandung stünden, und doch eher haltlose Blätter im Wind sind. Howard Carpendale gehört in die zuletzt genannte Kategorie, ist einer von jenen, die den Eindruck erwecken wollen, abgeklärt auf die Zeitläufte zu blicken, und insgeheim vor Zerrissenheit bersten. Er wird auftreten, Bücher schreiben oder schreiben lassen und immer wieder *Tür an Tür mit Alice* und *Deine Spuren im Sand* singen. So lange, bis seine Lieder nicht mehr als ein Hauch der Erinnerung sind: »Deine Spuren im Sand, / die ich gestern noch fand, / hat die Flut mitgenommen …«

Was der Schlager uns gibt – eine Leistungsbilanz

Es klang beim Rückblick auf die Schlagergeschichte und bei den Künstlerporträts bereits an, doch wir wollen noch einmal resümieren, worin die große Kraft des Schlagers liegt, was er uns zu geben vermag.

1. Der Schlager macht die komplexe Welt verständlicher. Längst haben wir uns, Jürgen Habermas sei Dank, daran gewöhnt, dass alles unübersichtlich ist und der Mensch als Mängelwesen nicht mehr in der Lage ist, das Wissens- und Erfahrungsspektrum zu verstehen, das täglich auf uns niederprasselt. Sich permanent mit komplexen Sachverhalten auseinanderzusetzen ist unmöglich. Wir brauchen bodenständige Weisheiten, und da der Schlagertexter selten mehr als drei Minuten Zeit hat, uns die Liebe, die Natur oder was auch immer zu erklären, muss der Klartext dominieren, so wie bei Renate Kern eben: *Du musst mit den Wimpern klimpern, wenn ein Boy dir gut gefällt.* Der so mit Binsenweisheiten ausgestattete Mensch zimmert sich ein Weltbild von schlichten Dimensionen, gewiss, doch solange es Peter Sloterdijk nicht gelingt, die breiten Massen aufzuklären, werden es die Propheten des Schlagers leicht haben. Also: Wer die Menschen kennenlernen will, muss Schlager hören.

2. Der Schlager gibt Lebenshilfe. Die einfachen Wahrheiten helfen nicht nur, den Überblick zu wahren, sondern tragen auch dazu bei, in verwickelten Lebenssituationen zu durchschlagenden Lösungen zu kommen. Die Liebe zum Beispiel: Diese ist – so Connie Francis – ein »seltsames Spiel« und fordert den ganzen Menschen. Der Schlager gibt dabei Orientierung: Er ist kein umfänglicher Beziehungsroman, der sich über 500 Seiten ergießt, nein, er fasst das Wesentliche zusammen. Beispiele? Christian Anders, der mittlerweile zum merkwürdigen Esoterik-Guru mutierte, melancholische Star der Willy-Brandt-Kanzlerschaft, gibt in *Einsamkeit hat viele Namen* einen klassischen Beziehungsdialog mit klarem Lösungsvorschlag wieder: »Ich hab gesagt: ›Geh, wenn du willst.‹ – Darauf bist du gegangen«, das lässt sich kaum deutlicher sagen. Und Marianne Rosenberg, die Ikone der Schwulenszene, erzählt in *Marleen* vom Konkurrenzkampf zweier Frauen, der sich – so der Vorschlag der einen – recht einfach lösen ließe: »Drum bitt ich dich: ›Geh du, Marleen.‹« Auch wenn die praktische Umsetzung vielleicht Schwierigkeiten bereitet: Der Schlagerfreund kennt zumindest das Rosenberg'sche Schlichtungsmodell – versuchen kann man's ja.

3. Schlager erklären unsere Geschichte. Das haben wir bereits erörtert und sei der Ordnung halber hier bekräftigt. Von den *Capri-Fischern* über *Du hast den Farbfilm vergessen* und *Am Tag, als Conny Kramer starb* bis zu *Atemlos* lässt sich nacherzählen, was die Deutschen seit 1945 bewegte. Das sollte man anerkennen. Es genügt folglich nicht, die Werke der Zeithistoriker zu konsultieren; der geschichtlich interessierte Zeitgenosse darf an Peter Rubin und Cindy & Bert nicht achtlos vorübergehen.

4. Schlager strukturieren unsere Erinnerung. Was haben

Sie im Sommer 1966 gemacht? Und wie war das damals in der Tanzstunde? Wir alle wissen, ohne ein Fotoalbum zur Hand zu nehmen oder einen köstlichen Dia-Abend zu veranstalten, kaum Bescheid, was wir in welchen Lebenslagen getan und gefühlt haben. Populäre Phänomene strukturieren das Chaos unserer Erinnerungen, weil sie sich oft unmerklich in die hinteren Kammern des Gedächtnisses einschleichen und dort auf Abruf bereitstehen. Schlager werden zu Erkennungsbojen, die – wie Fußballweltmeisterschaften – eine Biografie in anschauliche Häppchen gliedern. Wer Chris Roberts in einer Oldiesendung sah, fühlte sich zum einen dadurch beruhigt, dass auch Schlagersänger älter werden, und zum anderen mochte er sich plötzlich daran erinnern, wie er seinerzeit im Eiscafé eine junge Arzthelferin durch charmanten Witz zu begeistern suchte und im Hintergrund *Habe ich dir heute schon gesagt, dass ich dich liebe?* aus der Musicbox dröhnte. Ohne Popmusik – und warum sollte der Schlager nicht dazugezählt werden? – wäre unser Leben ein einförmiger Brei, und das wollen wir nicht.

Wer die Gegenwart verstehen will, muss die Vergangenheit kennen. »Die wahren Paradiese sind die Paradiese, die man verloren hat« – Marcel Prousts Diktum, das selbst fast wie eine gute Schlagerzeile klingt, wird jeder Schlagerfreund zustimmen.

Wovon der Schlager handelt, wenn er nicht von der Liebe handelt

Wie wissenschaftliche Auszählungen ergaben, handeln 85 Prozent aller Schlager nach 1945 irgendwie von Liebe. Was nicht wirklich überrascht; auch in der Literatur soll es, dem Kritiker Marcel Reich-Ranicki zufolge, nur zwei Themen geben: die Liebe und den Tod. Letzterer spielt im um Harmonie bemühten Schlager eher eine untergeordnete Rolle – trotz überzeugender Ohrwürmer, die Krankheit und Verenden zum Schlager machten, wie Monica Morells *Ich fange nie mehr was an einem Sonntag an*, Gunnar Welz' sehr langes Verkehrsunfalllied *Manuela* (»… ein Wagen schoss heran, die Welt begann sich zu drehn«), das ihm das Etikett »Bestattungssänger aus Bad Bramstedt« einbrachte, und Frank Farians *Rocky*, in dem eine junge Mutter aus dem Leben gerissen wird.

Ungeachtet der Omnipräsenz, die Liebesleid und Liebesfreud besitzen, handelt der Schlager auch von ganz anderen Dingen, trauen sich die Texter bisweilen, die üblichen Herz-Schmerz-Reime hinter sich zu lassen und sich fremden Terrains zuzuwenden. Ja, genau besehen, ist dem Schlager wenig fremd. Einige Beispiele mögen das veranschaulichen.

Mit dem omnipräsenten Thema der Liebe oft eng verbunden ist das Glück, das in seiner angenehmen Verallgemeinerung gern genommen wird, wenn es im Schlager um Wohlgefühle gehen soll. Doch so wie es Philosophen seit alters schwer fällt, das Streben nach Glück in klare Begriffe zu fassen und den optimalen Weg zum höchsten Glück zu benennen, so fintenreich sind Schlagertexter darin, eindeutige Definitionen des Glücks zu vermeiden und somit Zielgruppen nicht auszuschließen, die unter Glück womöglich etwas ganz anderes verstehen.

Das Glück – verstanden als »glücklich sein« – ist zu schillernd, als dass der Schlager sich Erfolg davon verspräche, in unüberschaubare philosophische Tiefen vorzudringen. Abstrakte und metaphysische Begriffe müssen im Schlager mit Leben, mit handfesten Inhalten aufgefüllt werden. Und so kommt es, dass den meisten Versuchen, sich dem Glück mit einer Andeutung von analytischem Scharfsinn zu nähern, auf dem Schlagerterrain kaum Erfolg beschieden war. 1956 vertrat der heute vergessene Walter Andreas Schwarz Deutschland beim erstmals ausgetragenen Grand Prix Eurovision de la Chanson mit dem überraschend textreichen Beitrag *Im Wartesaal zum großen Glück*, der mit detaillierter Meeres- und Hafenmetaphorik aufwartet und im Refrain vor verfehlten Ansprüchen an das irdische Glück warnt: »Im Wartesaal zum großen Glück, / da warten viele, viele Leute. / Die warten seit gestern auf das Glück von morgen / und leben mit Wünschen von übermorgen / und vergessen, es ist ja noch heute, / ha … die armen, armen Leute.«

Walter Andreas Schwarz kam damit beim europäischen Liederwettstreit erwartungsgemäß nicht weit, doch seine

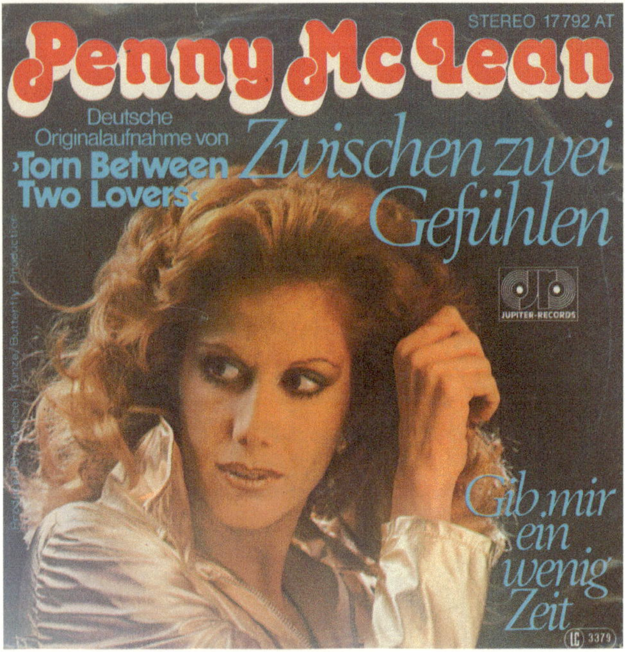

Sie konnte auch anders: Die mit *Lady Bump* bekannt gewordene Penny McLean wusste in *Zwischen zwei Gefühlen*, einer Coverversion von Mary MacGregors *Torn Between Two Lovers*, wunderbar schmerzhaft von Dreiecksbeziehungen zu singen.

Lehre der Selbstbescheidung fiel auf fruchtbaren Boden und fand viele Nachahmer. Der Schlager, oftmals verfertigt von konservativen Produzenten, die Wasser predigten und Wein tranken, rief in seiner Geschichte des öfteren dazu auf, die alten Tugenden der Selbstbescheidung und des Verzichts zu achten. Mit Glückslehren, die das materielle und sinnliche

Wohlbefinden hochhalten, konnte der Schlager wenig anfangen; er rief seine Hörer zur Mäßigung auf und rühmte das kleine Glück im Winkel. Pat Simon etwa sang 1969 *Ein Glück, dass man das Glück nicht kaufen kann*, und als die Französin Mireille Mathieu mit *Hans im Glück* dazu aufforderte, sich an der deutschen Fernsehlotterie zu beteiligen, umging sie den damit verbundenen Anreiz auf hohe Geldgewinne und sah das menschliche Glück vor allem in genügsamer Zweisamkeit erfüllt: »Die Welt ist eine Lotterie, / das große Los bist du, Chéri! / Solange unsre Liebe hält, / vergessen wir die ganze Welt.«

Fast immer sind Glückserfahrungen im Schlager – wir sind nicht überrascht – letztlich an Liebeserfahrungen geknüpft. Zu kompliziert und langweilig wäre es offensichtlich, das Glück als inneren Seelenfrieden oder als Summe einer Existenz zu sehen, die aus dem Einklang mit dem eigenen Ich oder der Natur resultieren würde. Glück ist ein als angenehm empfundenes, gemischtgeschlechtliches Paarverhalten, das materieller Güter nicht bedarf – so simpel lässt sich die Botschaft des Schlagers oft beschreiben, und da selbst dies als zu komplex erscheinen könnte, finden sich sogar Belege, die noch rigoroser eingrenzen. Peter Orloff etwa aus dem reizvollen Lemgo hatte Anfang der siebziger Jahre keinerlei Mühe, das Glück sehr konkret zu benennen: »Wo Träume zu mir kamen, da war Monika, / Mo-Mo-Monika, Mo-Mo-Monika. / Das Glück hat einen Namen, es heißt Monika. / Mo-Mo-Mo-Mo-Monika allein.«

Ob das Glück nun Monika, Brigitte oder Ulrike heißt: Auch der Schlager muss bisweilen eingestehen, dass Liebesfreude – vor allem in Zeiten steigender Scheidungsraten – nicht immer ewige Dauer verheißt, und so lassen sich Lieder nicht vermeiden, die Zügen (und Frauen) hinterhersingen, die »nach nirgendwo« fahren. Das Glück ist – das lässt sich nicht gänzlich leugnen – ein flüchtiger Begleiter ... oder in den Worten der großen Griechin Nana Mouskouri: »Glück ist wie ein Schmetterling, / es kommt zu dir und fliegt davon / so wie ein bunter Luftballon. / Es ist mein allerliebster Gast, / der leider fortgeht ab und zu.«

Dieser Erfahrung kann man wenig entgegenhalten, und so zogen Sänger wie Gus Backus oder Salvatore Adamo daraus die Lehre, nur das »kleine Glück« zu preisen – in der Hoffnung, dass dieses größere Verweildauer als die bunten Schmetterlinge Nana Mouskouris versprechen möge.

Vielleicht am elegantesten versuchte der Luxemburger Camillo Felgen das Glück zu becircen. Sein *Ich hab das Glück bestellt für heute Abend* aus dem Jahr 1963 kehrt den Spieß um und zeigt einen raffinierten Eroberer, der weiß, dass die Liebe einer Frau nur gewinnt, wer die Glücksgöttin auf seine Seite zieht. Das im beschwingten Tangorhythmus vorgetragene Lied erzählt von einer Rendezvous-Vorbereitung, die nicht nur aus der Bereitstellung von alkoholischen Getränken besteht: »Ich hab das Glück bestellt für heute Abend, / bei leiser Tanzmusik und rotem Wein. / Das Glück hat zugesagt für heute Abend, / nun lade ich dazu auch dich ganz herzlich ein.« Der erfahrene Charmeur Felgen sieht das Glück nicht als Folgeerscheinung eines harmonischen Beisammenseins, sondern als dessen Voraussetzung – ein kluger Schachzug, um die Wankelmütigkeit des Glücks zu untergraben. »Doch was wären wir zwei, / wär das Glück nicht dabei!«, diese Erkenntnis wird das Glück gnädig stimmen, und lässt man einen Moment lang die Frage außer Acht, wo und wie das Glück als solches zu ordern ist, erscheint Camillo Felgens *Ich hab das Glück bestellt für heute Abend* aus dem Jahr 1963 als eines der klügsten Beispiele deutscher Schlagerkunst.

Kennen Sie den Itsy Bitsy Teenie Weenie Honolulu Strand-Bikini oder das Flower-Power-Kleid? Wer seine Ohren dem gegenüber nicht verschließt, was der Schlager in den letzten siebzig Jahren hervorgebracht hat, weiß, dass diese extravaganten Bekleidungsstücke über den realen Handel meist nicht zu beziehen sind, sondern aus der unbegrenzten Schatz- und Kleidertruhe der Lieddichter stammen.

Um die Liebe, wir wiederholen das gern, geht es meist im Schlager. Und weil dieses feine Gefühl alle ansprechen soll, ist es schwierig, die Liebenden mit allzu konkreten Attributen zu versehen. Udo Jürgens' *Siebzehn Jahr, blondes Haar* beschränkte sich folgerichtig auf Merkmale, die den Intellekt des männlichen Betrachters nicht überforderten. Haare, Augen, Figur – darauf konzentriert sich der von Frauen handelnde Schlager; erotisch eindeutigeren Signalen entsagte er aus Dezenzgründen, damals. Eine Doktorarbeit von 1976, die sich mit der Gattung befasste, konstatierte deshalb tadelnd, dass die Frau im Schlager »keinen Busen« habe.

Auch die Kleidung bleibt in der Regel unspezifisch. Horst Winters Evergreen *Du trägst ein entzückendes Kleidchen* erklärt seinen Titel nicht, und auch die unglückliche Disco-Besucherin in Renate Kerns *Du musst mit den Wimpern klimpern* trägt nur ein »hübsches Kleidchen« ... worunter man sich allerlei Verschiedenes vorstellen kann. Selbst das berühmteste Hochzeitslied der Schlagerhistorie – Roy Blacks *Ganz in Weiß* – kennt außer der Farbe nichts, was das Außergewöhnliche dieses Festtagsgewandes ausmachen würde. Trotz dieser Neigung zum Vagen sind sich Schlagertexter natürlich des Umstands bewusst, dass die Attraktivität eines potenziellen

Partners von seinem Gesamtoutfit abhängt. *Die Maschen der Mädchen* sind es so, die Chris Roberts folglich besang, und das vermeintlich trickreiche Gebaren der Mädchen hat viel mit Kleidungsgeschick zu tun: »Die Bluse der Lisa, / die war eine Wonne, / und dann, wenn ich sie sah, / sah ich die Sonne. / Ihr Rock, der war mini, / wie ich darauf stehe. / Doch dann im Bikini / sprach sie von der Ehe.«

Die selbstbewusste Frau weiß, wie raffiniert ausgewählte Kleidung die Chancen beim – leicht zu beeinflussenden – Manne zu steigern vermag. Und je kesser die Vorschläge der Bekleidungsindustrie werden, desto vielfältiger die Möglichkeiten, diese Waffen einzusetzen. Die sechziger Jahre, die frischen Wind in die düsteren Kleiderschränke bliesen, veränderten den Schlager und seine Inhalte. Der für den Gummibaum gemäßigte Rock'n'Roll und die Vorläufer der Studenten- und Hippiebewegung machten aus Haar- und Kleiderfragen weltanschauliche Debatten. Der Schlager musste, wohl oder übel, darauf reagieren.

Während René Kollo 1961 in *Hello, Mary Lou* noch tapfer gegen den Zeitgeist ankämpfte (»So viele Mädchen kann man sehn, / die in Nietenhosen gehn, / doch Mary Lou hat damit nichts im Sinn, / ja, ja das Mädchen Mary Lou, / mit dem hübschen Kleid dazu, / sieht aus wie eine kleine Königin«) und den Sieg der Nietenhosen – ein Wort, das heute erklärungsbedürftig erscheint – nicht akzeptieren wollte, war die Welle der neuen Unbeschwertheit in Modefragen nicht zu stoppen. Minirock und Bikini, die schon bei Chris Roberts als durchschlagende Argumente anklangen, erobern den Schlager. Manuela empfängt den alternden Lord Leicester aus Manchester konsequent im »neuen Mini-Kleid«, und Caterina Valente und ihr Bruder Silvio Francesco kreieren den legendären Itsy Bitsy

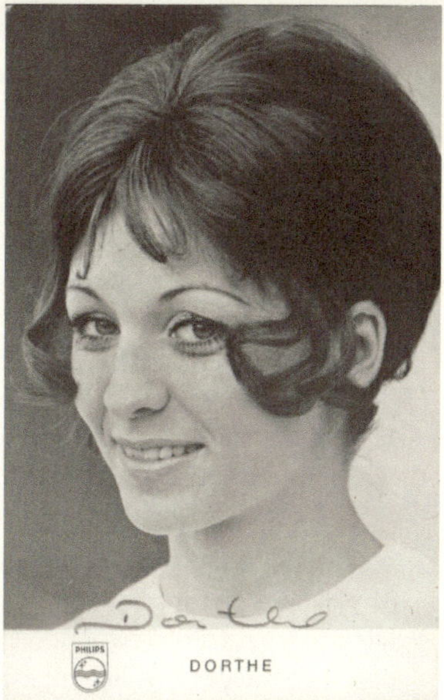

Ja, genau, mit ihr, mit dem dänischen Schlagerimport Dorthe (*Wärst du doch in Düsseldorf geblieben*) war René Kollo ein Jahrzehnt lang verheiratet. Warum auch nicht?

Teenie Weenie Honolulu Strand-Bikini, dessen Reize so gewagt sind, dass er vorerst, so die Liedpointe, nur in der Badewanne getragen werden kann.

Der Schlager wurde frecher und kühner: Die meist männlichen Schlagertexter schneidern Kleidungsstücke, die helfen, im Einerlei des Alltags aufzufallen und die simplen »Kleidchen« der Vergangenheit endgültig einzumotten. Wencke Myhre, die muntere Norwegerin, die auch freizügigen Schwimmpraktiken das Wort redete (*Baden mit und ohne*), erzählt in einem ihrer Songs, von einem »Super-Girl aus San Francisco-Town«, das das europäische Festland revolutionär gekleidet betritt: in einem »Ding-Dong Bama-Lama Sing-Song Teeny-

Weeny Flower-Power-Kleid«. France Gall aus der Modemetropole Paris konterte im gleichen Jahr, 1968, mit *A Banda*, einem Lied, das aufschlussreiche Novitäten aus dem fernen Mexiko vorstellte: »Zwei Apfelsinen im Haar / und an den Hüften Bananen / trägt Rosita seit heut / zu einem Kokosnusskleid. / Ja, sicher noch dieses Jahr, / das kann man heute schon ahnen, / trägt die modische Welt / das, was Rosita gefällt.«

Fragen der Mode gerieten seit Mitte der sechziger Jahre in Bewegung. Verweigerte sich die Frau dem Trend, wurde sie prompt abgestraft, von Charles Aznavour zum Beispiel, der in seinem frauenunfreundlichen *Du lässt dich gehn* für die Krise einer Ehe klare Gründe nennt: »Du bildest dir doch wohl nicht ein, / das könnte reizvoll für mich sein, / mit deinen unbedeckten Knien, / wenn deine Strümpfe Wasser ziehn. / Du läufst im Morgenrock herum, / ziehst dich zum Essen nicht mal um.« Die Modebranche verwöhnt den Mann, der freilich – zumindest im Schlager – bekleidungsmäßig weiterhin ein Neutrum bleibt. Was er trägt, ist entweder albern (in Billy Mos *Ich kauf mir lieber einen Tirolerhut* oder Nico Haaks *Unter dem Schottenrock ist gar nichts*), oder steht mit seinem Innersten nicht in Einklang. Wieder ist es Wencke Myhre, die sich klar äußert: »Weißes Tuch im blauen Jackett / macht noch keinen Kavalier, / fein geschniegelt und gebügelt / ist noch kein Beweis dafür.«

Als der Muff in den Talaren sich Ende der sechziger Jahre allmählich verzieht, darf sich auch der Schlager in Kleidungsfragen ganz leger geben. Ob adrette Bluse oder Kokosnusskleid – die Konventionen zählen weniger; Interpreten wie Sandie Shaw treten unbeschuht auf die Bühne des Grand Prix Eurovision, wo ihre Kollegen wenige Jahre zuvor noch in Abendkleid und Anzug sangen, und kurz darauf übergeht Michael Holm alle Fragen nach angemessener Fußbekleidung:

Barfuß im Regen. Nebenbei bemerkt: Schuhe spielen im deutschen Liedgut eine gänzlich untergeordnete Rolle; der Sand, den Bata Illic noch in den Schuhen von Hawaii hat, und Graham Bonneys Siebenmeilenstiefel sind Ausnahmen.

Wenn die Schuhe für unwichtig erklärt werden, erstaunt es nicht, dass der Schlager sich auch anderer Kleidungsstücke entledigt oder dies zumindest anstrengt. Bata Illic' *Ich möcht der Knopf an deiner Bluse sein* ist in seiner erschütternden Eindeutigkeit ein typisches Produkt der siebziger Jahre – aus einer Zeit, als Jürgen Drews sein Bett im Kornfeld aufschlägt und Peter Maffay zu ganz neuen Bekleidungsufern aufbricht. In seinem famosen Initiationslied *Und es war Sommer* (1976) spielt die Garderobe keine Rolle mehr: »Sie gab sich so, als sei ich überhaupt nicht da, / und um die Schultern trug sie nur ihr langes Haar« – ein Motiv, das Maffay und sein Texter Christian Heilburg bereits ein Jahr zuvor (*Josie*) eingesetzt hatten, wenn auch zurückhaltender: »Sie hat ein Kleid aus Sonnenschein / und traut sich nicht, es anzuziehn, / und nur heimlich, wenn es keiner merkt, / sieht man sie darin spazierengehn.«

So schließt sich der Kreis: Klagte der Schlager 1928 noch *Benjamin, ich hab nichts anzuziehn*, so legte er ein halbes Jahrhundert später Wert darauf, möglichst ohne Kleidung auszukommen. Was für ein gesellschaftlicher Wandel.

Fußball

Ein Fall für Gotthilf Fischer oder Stefan Raab! Der deutsche Fußball krankt nicht mehr an mangelnder Fitness seiner Akteure, an ungenügender Talentschulung, an der Flaute im Angriff oder an unterdotierten Verträgen. Nein, es wird lediglich

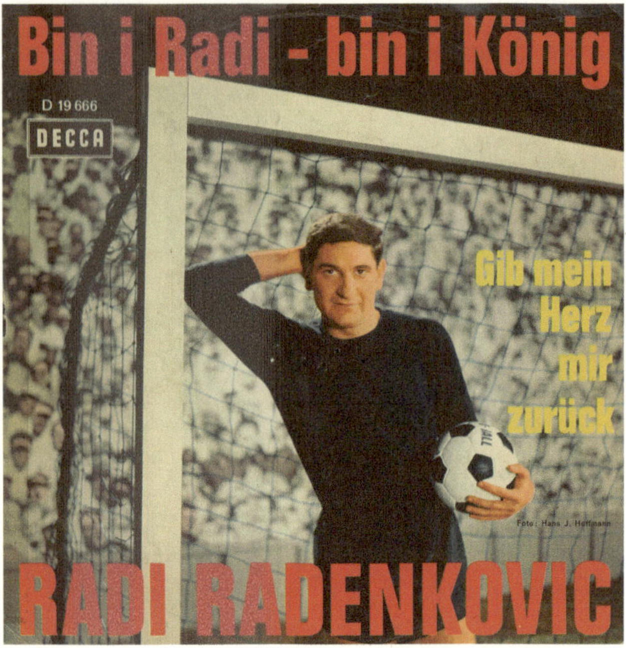

Es mag bessere Sänger als Petar Radenković gegeben haben, bessere Torhüter in der Bundesliga jedoch kaum.

zu wenig gesungen, es herrscht keine Fröhlichkeit mehr in der Bundesliga und in der ansonsten so hochmotivierten Nationalmannschaftstruppe. Früher, als die Profis ihre freie Zeit zu einem Abstecher ins Plattenstudio nutzten, trafen sie auf dem Rasen noch besser ins Schwarze. Heute jammern alle, gehen in zwielichtige Discos oder mühen sich, ihre Erinnerungen und Einsichten zwischen zwei Buchdeckel zu pressen. Das Singen hingegen wird den Fans überlassen, die ohnehin ein ordentliches Maß an Kreativität aufbringen müssen, um mit all ihrem Leid fertig zu werden.

Wenn Deutschland auch unter Julian Nagelsmann nach den Desastern der WM 2018 und der WM 2022 weiter schwächelt, geht es zuerst darum, die deutschen (Möchtegern-)Elitekicker stimmlich zu schulen. Wo gesungen wird, da lass dich ruhig nieder – diese sofort einleuchtende Erkenntnis muss im Trainingslager umgesetzt werden, unter Anleitung von wem auch immer. Denn um 1970, da sind sich die Fußballanalytiker einig, spielte Deutschlands Nationalelf so gut wie nie zuvor. Dieses Hoch, das zum Gewinn der Europameisterschaft 1972 führte, währte nur kurz: »Kaum war Helmut Schmidt Bundeskanzler, verflachte das Spiel« (Helmut Böttiger).

Die komparatistische Forschung, die sich mit den Wechselbeziehungen zwischen populärem Gesang und populärem Ballspiel befasst, hat vernachlässigt, dass die Energie, die die Mannen um Franz Beckenbauer und Günter Netzer einst entfachten, nur entstehen konnte, weil man einem vernünftigen Steckenpferd (so sagte man früher) nachging, dem Singen. Gewiss, Kicker ließen sich damals auch als Werbeträger für Tütensuppen oder Rasierwasser einspannen, doch zur Höchstform liefen sie auf, wenn es *Vom Stadion ins Studio* (so der Titel eines einschlägigen CD-Samplers) ging.

Blicken wir kurz auf die Glanzpunkte des Fußballschlagers zurück: Ein Gastarbeiter brach 1965 den Bann, Münchens Torwartgigant Petar »Radi« Radenković, der seine Originalität und Klasse in Hitparaden-Platzierungen ummünzte. Sein *Bin i Radi, bin i König* zeichnete sich durch einen Text aus, dessen »Ausländerdeutsch« heute jede Migrationsbeauftragte der Bundesregierung auf den Plan riefe. »Steh ich so im Tor, / kommt mir manchmal vor: / Leuten nehmen Spiel zu ernst, / haben nicht Humor.« Was dem Löwen-Torsteher recht war, sollte anderen billig sein, und so traten in der Folge diverse Spieler vors Mikrofon und schmetterten dies und jenes, losgelöst von jeder gesanglichen Qualifikation. Franz Beckenbauer, der damals für alles (Mobiltelefon, Geländewagen, Weißbier u. a.) als Werbeträger taugte, Charly Dörfel, Norbert Nigbur, die Kremers-Zwillinge oder Gerd Müller sangen und konkurrierten in der Rubrik »Singende Sportler« mit Phänomenen wie Hürdenläufer Martin Lauer, Eislaufprinzessin Marika Kilius, Segler Willy Kuhweide oder Boxer Bubi Scholz.

Wovon sangen unsere Balltreter? Motivgeschichtlich lassen sich zwei Stränge unterscheiden: der Gesang vom Brotberuf und der Gesang vom Allgemeinmenschlichen. Während Torjäger Gerd Müller seine Haupterwerbsquelle zünftig beschrieb (»Dann macht es bumm, ja, und dann kracht's«) und Keeper Radenković seine Genialität als Zerberus pries, meinten andere auf den Spuren professioneller Schlagersänger wandeln und sich Herz-Schmerz-Themen zuwenden zu müssen. Diese Produkte sind lobenswert, weil auch sie die Freude am Gesang vermitteln; musikalisch und textlich freilich überzeugen sie nicht immer restlos. Der Fußballer als Experte für intime Angelegenheiten, das leuchtete nicht ein.

Franz Beckenbauer intonierte mit schleppender Stimme *Gute Freunde kann niemand trennen*, ein Lied, das einfallsarme Fernsehmacher bis heute einspielen, wenn sich Präsidenten von Trainern unschön trennen. Auch die kaiserlichen Stücke *1 : 0 für deine Liebe* oder *Du bist das Glück* ragten nicht aus dem Schlager-Einerlei hervor, obwohl damals nicht abzusehen war, dass Bindungsbeteuerungen Beckenbauers mit Skepsis zu begegnen seien. Nicht anders auf Schalke: Helmut und Erwin Kremers besangen ein austauschbares *Mädchen meiner Träu-*

me, und ihr Clubkamerad Norbert Nigbur erzählte in *Darum weißt du nichts von mir* von der Begeisterung, die ein Mann empfindet, als er die Rückenpartie einer jungen Dame wahrnimmt. Sein anfänglicher, in einen großartigen Reim gebrachter Elan (»In der Wohnung geht ein Licht an, / und ich dachte, ein Gedicht, Mann!«) verpufft rasch. Die Vorderansicht enttäuscht den Macho; er wendet sich ab – eine frauenverachtende Einstellung, die prompt dazu führte, dass Nigbur in der Nationalelf nur selten berücksichtigt wurde. Auch Hamburgs Außenstürmer Charly Dörfel, der fiepsend *Erst ein Kuss* auf Vinyl presste, brachte es konsequenterweise nur auf elf Länderspiele.

Schöner klingen Lieder im Ohr, die versuchen, zwischen Ballspiel- und Liebesglück eine Verbindung herzustellen. Das Kölner Trio Hans Schäfer (einer aus der Wunder-von-Bern-Elf!), Heinz Hornig und Karl-Heinz Thielen wiesen in *Auf die Beine kommt es an* darauf hin, dass die besungenen weiblichen und männlichen Extremitäten sehr unterschiedliche Effekte erzielen können. Und auch Petar Radenković' Ausflüge ins Grundsätzliche (in *Bisschen Glück in Liebe*) bemühten sich um eine Balance, die das Tagewerk des Interpreten nicht außer Acht lässt: »In der Liebe ist es manchmal wie beim Fußballspiel, / man glaubt, dass man gewinnt das Spiel, / und kommt doch nicht ans Ziel.«

All das währte, wie gesagt, nur ein gutes Jahrzehnt. Nachzügler wie die Kölner Stephan Engels und Paul Steiner, wie Fredi Bobic (mit Gerhard Poschner und Marco Haber als »Tragisches Dreieck«) oder der Paradiesvogel Jimmy Hartwig täuschen nicht darüber hinweg, dass der Niedergang des deutschen Fußballs, der durch Erfolge bei Welt- und Europameisterschaften oberflächlich kaschiert wurde, von einem anderen

Niedergang begleitet wurde, vom Aussterben der Spezies »Singender Kicker«.

Was dem Einzelnen misslingt, kann auch im Kollektiv nicht glücken. 1974 hielt Helmut Schöns Mannschaft, trotz sich abzeichnender Schwäche, bis zum WM-Titel durch und überzeugte gleichzeitig als unbeschwertes Gesangsensemble. Hauruck-Produzent Jack White zeichnete für das unvergessene *Fußball ist unser Leben* verantwortlich, das noch einmal den alten Mythos der Freundschaftsbande besang: »Einer für alle, alle für einen …« Danach kam wenig, und selbst österreichische Unterstützung (Udo Jürgens 1978 im diktatorenfreundlichen *Buenos Dias, Argentina* und Peter Alexander 1986 in *Mexico mi amor*) änderte nichts daran, dass der deutsche Fußball sich dem kommerziellen Gesang entzog. Heute kämen Musikproduzenten nicht einmal auf die Idee, Musiala, Wirtz oder Rüdiger für den Backgroundchor einer No-Name-Band zu verpflichten.

Das Ausland hat uns hier, wie überall, manches voraus. Kevin Keegan oder Terry Venables sangen mit Erfolg oder Begabung, und selbst Österreich brachte im Gefolge von Córdoba 1978 Skurriles hervor. Hans Krankl (»I werd narrisch!«) eroberte in seiner Heimat die Charts, und sein Landsmann Toni Polster holte sich Verstärkung von der Frauencombo Die Fabulösen Thekenschlampen. Das Resultat dieser famosen Kombination – *Toni, lass es polstern* – erfreut noch heute durch Trash, wie man ihn sich kaum schöner vorstellen kann: »Toni trifft im Doppelpack, / Schlampen trinken Sechserpack. / […] Mein Spiel hat Feuer, / ich hab Wiener Blut. / Komm, spiel mit mir, / denn du fummelst gut.« Am besten gefällt im historischen Rückblick ein belgisches Paar, das Bayern Münchens Torhüter Jean-Marie Pfaff und das Gesangssternchen Fenna bildeten. Wie Nicole (*Ein bisschen Frieden*) und Hans Hartz (*Die weißen Tauben sind müde*) ließen sie sich Anfang der 1980er-Jahre von der Friedensseligkeit der nachrüstungsbedrohten Westeuropäer anstecken und verliehen (in *Wir zwei*) ihrer Sehnsucht grammatikalisch unbefriedigend, aber moralisch einwandfrei Ausdruck: »Nur eines macht mir Sorgen: der (!) Gewalt und die Raketen.«

Keine Angst, niemand möchte, dass Joshua Kimmich und Jonathan Tah einen engagierten Antikriegssong einstudieren, doch eines ist sicher: Mit Spielern, die ein Lied auf den Lippen haben, ließe sich der deutsche Fußball perfektionieren. Brasilien, Argentinien, Frankreich und sogar Island wären chancenlos. Gegner verfielen umgehend in eine Schockstarre, die sich für frühe Führungstore ausnützen ließe.

Ökonomie

Wir sahen es bereits: Themen, die den Menschen in seinem Alltag beschäftigen, ja womöglich belasten, passen nur bedingt in den Schlagerkanon. Von Arbeitslosigkeit, Zinsschwankungen, Konkursen oder Aktieneinbrüchen lässt sich nur mühsam reden, wenn es darum geht, den Feierabend des gebeutelten Werktätigen zu erhellen. Dennoch: Die Geschichte des deutschen Schlagers ist auch ein Spiegelbild gesellschaftlicher und wirtschaftlicher Verschiebungen, denn das Verschwiegene ist, wie jeder Hermeneutiker weiß, nicht selten die entlarvendste Form der Kommunikation.

Als sich das Nachkriegsdeutschland aufrappelte, von der bösen Vergangenheit in der Regel nichts wissen wollte und sich stattdessen aufs wirtschaftliche Wohlergehen konzentrierte, erlaubte es sich der Schlager allmählich, die Errungenschaften der neuen Zeit mit dezenter ironischer Feder aufzuspießen. Geld allein – so die offizielle Lesart – darf das Glück des wertkonservativen Menschen nicht ausmachen, und so erklang Ende der fünfziger und Anfang der sechziger Jahre eine Reihe gut gemeinter Lieder, die den blanken Materialismus sanft kritisierten. Caterina Valente und ihr Bruder Silvio Francesco pochten in *Es geht besser, besser, besser* (1956) darauf, dass plumper Fortschrittsglaube nicht das letzte Wort haben dürfe. Vom gleichen einfallsreichen Texter Kurt Feltz stammt der 1960 populär gewordene *Konjunktur Cha-Cha*, vorgetragen vom Schweizer Hazy Osterwald-Sextett. Der Reichtum – das konnte bereits vorausgesetzt werden – breitet sich zwischen Kiel und Garmisch aus, keine Frage, doch mit der gerechten Verteilung scheint es zu hapern: »Gehn Sie mit der Konjunktur! / Gehn Sie mit auf diese Tour! / Nehm Sie sich / Ihr Teil, sonst / schäm Sie sich / und später / gehn Sie nicht / zum großen Festbankett.« Das gesellschaftliche Ansehen hängt an Prestigeobjekten des Wirtschaftswunders, und wer daran nicht hurtig Anteil nimmt, wird leer ausgehen – so wie es Hazy Osterwald wenige Jahre später in einem nicht minder erfolgreichen Schlager ohne Zögern beschrieb: »Der Fahrstuhl nach oben ist besetzt, / Sie müssen warten!«

Die sich verändernde Sozial- und Wirtschaftsstruktur der Bundesrepublik ging, wie man sieht, am Schlager nicht vorüber. Auch Wohlstand schafft Probleme, solche etwa, die Ralf Bendix 1964 in seinem längst zum (schwäbischen) Volkslied gewordenen *Schaffe, schaffe, Häusle baue* zum Besten gab. Der Zögling des Wirtschaftswunders sieht sich darin von den harmlosen Vergnügungen seiner Zeitgenossen ausgeschlossen; anstatt dem Kartenspiel oder dem Angelsport nachgehen zu dürfen, sieht er sich permanent den Ermahnungen seiner den Hausstand zusammenhaltenden Ehefrau Mathilde ausgeliefert: »Schaffe, schaffe, Häusle baue, / und net nach de Mädle schaue. / Und wenn unser Häusle steht, / dann gibt's noch lang kei Ruh, / ja, da spare mir, da spare mir / für en Geißbock und e Kuh.«

Der Schlager fungiert als Krückstock und als Gleitmittel der Gesellschaft. Wo einmal die ökonomischen Kräfte entfesselt sind, hebt er, mal ironisch, mal nassforsch, den Zeigefinger und erinnert die Neuwohlstandskinder daran, dass im Immateriellen die eigentlichen Werte lägen. Die füllige Trude Herr etwa legt 1959 keinen Wert auf weitere Kalorienzufuhr, eine Haltung, die gut zehn Jahre zuvor auf Unverständnis gestoßen wäre: *Ich will keine Schokolade* trompetet sie ihren Angehörigen ins Ohr; die wahre Liebe und der richtige Mann sind ihre Ziele. Der Schlager ist, sonst wäre er nicht Schlager, in diesen Jahren ein Vertreter der Tradition. Gelegentlich wagt er sich ein wenig weiter hinaus und besingt, von Conny Froboess liebevoll vorgetragen, frühes Gastarbeiterlos (*Zwei kleine Italiener*, 1962), ein Sujet, das Udo Jürgens in den Siebzigern mit *Griechischer Wein* zum Nummer-Eins-Erfolg machte.

Die einfühlsame Jürgens'sche Annäherung ans Fremdarbeiterleid stand bereits am Ende einer Entwicklung, die ein knappes Jahrzehnt zuvor einsetzte. Nichts, so schien es, konnte im verkrusteten Deutschland so bleiben, wie man es seit Adenauers Amtsantritt gewohnt war. Studentenunruhe, sozialliberale Koalition, Uschi Obermaier, Erika Runge und Günter Netzer – auf allen Ebenen der Gesellschaft brach Neues hervor, das, zumindest für ein paar Jährchen, die Hoffnung nährte, die Altlasten ließen sich ein für allemal entsorgen. Kluge Schlagertexter begriffen diesen Wandel umgehend und schmiegten sich geschickt dem neuen Zeitempfinden an. Es blieb freilich nicht bei allgemeinem Pathos: Gunter Gabriel avancierte zum Prototyp des proletarisch angehauchten Songwriters, der Fernfahrertypen salonfähig machte (*Er ist ein Kerl*) und in erstaunlicher Eindeutigkeit bessere Bezahlung für Lohnabhängige forderte: *Hey, Boss, ich brauch mehr Geld.* Doch auch diese neuen, vermehrt an der konkreten Alltagsrealität orientierten Schlager konnten nicht verhindern, dass hier etwas zur Neige ging. Die Neue Deutsche Welle kehrte Anfang der achtziger Jahre den Spieß kurzerhand um: Sie ironisierte und trivialisierte, sie machte sich über Schlagerthemen lustig und lieferte so ungewollt den Schwanengesang der Gattung. *Ich will Spaß* hieß nun der Slogan, und erst jetzt war die Zeit gekommen für das bereits Jahre zuvor entstandene Lied *Bruttosozialprodukt* der Band Geier Sturzflug. Nur noch von ferne nach Gesellschafts- und Wohlstandskritik klingend, wurde der Appell »Wir steigern das Bruttosozialprodukt« zur Fanfare für den neuen Kanzler Helmut Kohl und eine Generation, die genug von Bedenkenträgern jedweder Art hatte. Ein gänzlich unpoetisches Wort wie »Bruttosozialprodukt« hielt Einzug in den Schlager – ein verzweifelter Versuch, ihn auf der Höhe der Zeit zu halten.

Über Wirtschafts- und Sozialgeschichte lässt sich im Schlager indirekt mancherlei erfahren. Als Schnelldurchlauf eines VWL-Studiums eignet sich dieses Genre gewiss nicht – wie ließe sich das auch in maximal vier Minuten erreichen? –, doch vom *Konjunktur Cha-Cha* bis hin zu *Bruttosozialprodukt* führt eine Linie, die über die deutsche Geschichte nach 1945 viel zu sagen hat.

Wohin das alles führen wird, lässt sich wieder einmal schwer sagen. Noch scheinen Schlagertexter Hemmungen zu haben, ihre Interpreten von Finanzmarkt- und Bankenkrise singen zu lassen, den Niedergang der Deutschen Bahn zu verhandeln oder den schwankenden Euro mit Sirtakiklängen zu untermalen. Vielleicht wird der Berliner Funny van Dannen von Schlagerhistorikern irgendwann als Vorreiter gesehen. Eines seiner grandiosen Lieder zumindest ist einem modernen Mittel des Zahlungsverkehrs gewidmet und heißt *Homebanking.* Eine der ewigen Frauenfragen wird darin schlüssig, wenn auch prosaisch beantwortet: »Er hat ihr so weh getan, / er hat sie so verletzt, / denn er sagte ›Homebanking‹, als sie ihn fragte: / ›Woran denkst du jetzt?‹ / Er sagte: ›Homebanking‹, / und sie wollte schrein, / aber es ging nicht, / sie lag nur da und er schlief ein.«

Abseitiger Exkurs: seltene Schlagervokabeln

Gewiss, der Schlager schwingt sich selten zu ungeahnten melodiösen oder textlichen Höhepunkten auf. Er darf das Erwartete nicht außer Acht lassen, ohne freilich im Erwarteten komplett aufzugehen. So ist sein Wortschatz in der Regel überschaubar und beschränkt sich nicht selten auf die sattsam vertrauten Kernsätze und -gedanken der Liebeslyriktradition, die er für seine Bedürfnisse zurechtstutzt. Manchmal indes gehen die Texte ins Risiko und bauen Vokabeln ein, mit denen nicht zu rechnen ist. Und manchmal glücken dann Verse, die Schlagergeschichte schreiben, weil sie so unkonventionell sind und beweisen, dass sich mit Geschick über alles singen lässt – wenn man den richtigen Ton trifft.

Nehmen wir zum Beispiel das Wort »Lebenssuppe«. Vergeblich sucht man es im Duden. Man ahnt vielleicht, was es uns sagen möchte, denkt an das »Salz in der Suppe«, das faden Geschmackserlebnissen vorbeugt, und wer sich heutzutage vegan-vegetarisch ernährt, kennt womöglich den Schweinfurter Anbieter »Lebensküche e. V.«, der Interessierte mit Lebenswurst, Lebensbrot und – ja – Lebenssuppen versorgt. 1959 war davon jedoch noch keine Rede, 1959, als der damals omnipräsente Kurt Feltz für Bill Ramsey den Hit *Souvenirs* schrieb, inklusive der folgenden Zeilen: »Souvenirs, Souvenirs, kauft ihr Leute, kauft sie ein, denn sie sollen wie das Salz in der Lebenssuppe sein.« Touristische Anklänge verbinden sich hier auf leichte Weise mit quasi existenzialistischen Motiven. Der Urlaubskonsum soll die Tristesse des Alltags schmackhaft machen – wer immer uns diese Suppe eingebrockt hat.

Etwa zur gleichen Zeit erkannte die deutsche Hausfrau – lange bevor sie im Internet heimisch wurde –, dass sich Einkäufe auch bequem vom Ohrensessel aus erledigen ließen. Der Versandhandel erblühte, und die schweren Kataloge von Neckermann, Otto und Quelle verstopften die Briefkästen. Auch meine Mutter blieb – um das wenigstens zu erwähnen – davon nicht unberührt und bestellte ihre Oberbekleidung gern beim Pforzheimer Mona-Versand. Mit diesem Boom mag es zu tun haben, dass sich das Bewusstsein ausbreitete, sich nicht nur Strickpullover ins Haus schicken zu lassen. Howard Carpendales *Das schöne Mädchen von Seite 1* (1970; Text: Carl-Ulrich Blecher) zeigt, wie erwähnt, diese Konsumhaltung in einer Weise, die der Feminismus heute nicht mehr durchgehen ließe: »Das schöne Mädchen von Seite 1, / das möcht ich haben und weiter keins, / vom Katalog aus dem Versandhaus / möcht ich das Mädchen von Seite 1.« Frauen aus dem Katalog zu ordern – auf solchen zweifelhaften Umsatz hätten Männer wie Josef Neckermann mit Sicherheit verzichtet. Weitere Schlager, die mit »Versandhaus« arbeiten, sind mir nicht bekannt.

Wenn wir gerade bei frauendiskriminierenden Texten sind: Der lockige Chris Roberts scheute sich in *Die Maschen der Mädchen* (1968; Text: Georg Buschor) nicht, ein fragwürdiges Frauenbild zu zeichnen: »Vor Eifersucht schrie sie, zerriss die Gardinen, doch alles verzieh sie bei Sekt und Pralinen.« So hat man sich seinerzeit anfangs gutmütige, später rasende Dummchen vorgestellt. Bei Eifersuchtsattacken geraten sie außer Rand und Band, ehe sie sich leicht mit alkoholischen Getränken (Kupferberg Gold? Söhnlein Brillant?) und Süßkram zufriedenstellen lassen. Dank der Wörter »Pralinen« und »Gardinen« erlangt Roberts' Lied freilich eine ganz eigene Note – was damit zusammenhängen mag, dass Gardinen im gleichen Jahr durch Marianne Kochs TV-Werbespot für Ado-Gardinen (»Die mit der Goldkante«) besondere mediale Aufmerksamkeit erhielten.

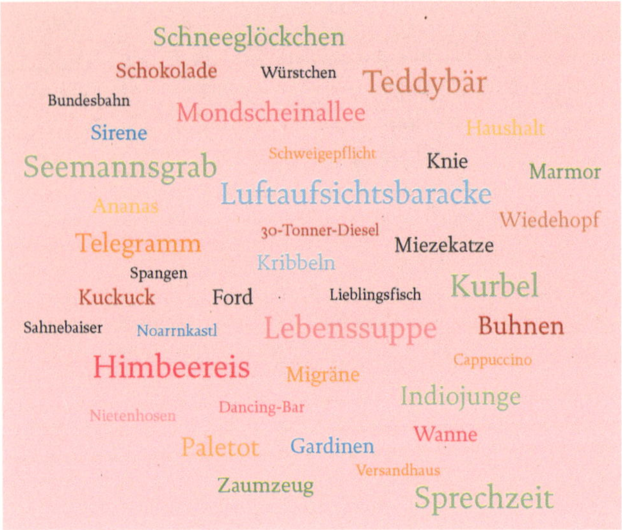

Prosaische Wörter wie »Versandhaus« oder »Gardine« sind Aufmerksamkeitserreger, wenngleich deren komikauslösende Wirkung nicht immer beabsichtigt sein mag. Bewusst damit spielte Gitte in *Ich will 'nen Cowboy als Mann* (1963; Text: Nils

Nobach alias Peter Ström), einem Evergreen, der frühes jugendliches Aufgebehren thematisiert. Inspiriert von der damaligen Western-Welle verweigert sich das singende Ich den Erwartungen ihrer Eltern und will statt bürgerlicher Sicherheit einen Cowboy ehelichen: »Mama sagt: ›Nun wird es Zeit, du brauchst 'nen Mann, und zwar noch heut! Nimm gleich den von nebenan, denn der ist bei der Bundesbahn‹.« So sind es endlich nicht mehr allein die metaphorisch gut einsetzbaren Fortbewegungsmittel selbst (*Es fährt ein Zug nach nirgendwo*), die das Geschehen bestimmen, sondern auch ihre Betreiber, die Bundesbahn.

Bisweilen sind es Kleinigkeiten, die herkömmlichem Schlager-Einerlei einen Kick geben. Schönes, blondes, langes oder lockiges Haar zu rühmen zeugt selten von großer Originalität. Anders hingegen Michael Holm in seinem von ihm selbst getexteten Klassiker *Mendocino* (1969). Dessen Geschichte, auf kalifornischem Grund situiert, erzählt von einer eindrücklichen Tramperbegegnung mit unglücklichem Ausgang, da der männliche Fahrer blöderweise vergisst, sich den Namen der reizenden Zugestiegenen zu merken, und sich danach vergeblich aufmacht, sie in der Künstlerstadt Mendocino ausfindig zu machen: »An jeder Tür klopfe ich an, / doch keiner kennt mein Girl in Mendocino.« Der von der Haartracht der Verschwundenen ausgehende Reiz ist ungewöhnlich: »Ich sah ihre Lippen, ich sah ihre Augen, / die Haare, gehalten von zwei goldenen Spangen.« Welch schönes, an alte Märchen erinnerndes Bild (und welch seltene Schlagervokabel): zwei goldene Spangen, die der Frisur Form verleihen und womöglich herrlich in der Sonne Kaliforniens funkeln.

Dass Schlager auch in linguistischer Hinsicht bilden, belegt das anrührende *Du entschuldige – i kenn di* (1981), gesungen und getextet von Peter Cornelius, das aus zweierlei Gründen zur Reflexion anregt. Obschon es für notwendig erachtet wurde, das Lied auch in einer hochdeutschen Fassung (gesungen von Bernhard Brink) aufzulegen, sind seine in zartem Dialekt vorgetragenen Wortfolgen nicht sonderlich schwer zu verstehen – bis auf den Einstieg. Da bedarf es einiger Konzentration, um dem Sänger und seinem erzählreflexiven Auftakt »Wann i so ins Noarrnkastl schau« folgen zu können. Das Bild vom Narrenkasten bzw. Narrenkastl ist nicht-österreichischen Ohren ungeläufig. Wie der Blick (sofern man die Fügung endlich decodiert hat) in Wörterbücher des Österreichischen bestätigt, bedeutet »ins Narrenkastl schauen« etwa »gedankenverloren starr blicken«, eine Haltung, die bekanntlich dazu einlädt, sich der Vergangenheit zu entsinnen, und dies nicht selten mit wehmütigem Ton. Was in diesem Lied dann noch passiert, müssen sie selbst nachhören. Mehr als 100 Seiten durfte dieses Buch ja leider nicht haben.

Während der Cornelius'sche Narrenkasten einiges an poetischer Bildlichkeit aufzuweisen hat, ist es anderen Vokabeln trotz erheblicher Defizite in diesem Bereich gelungen, Schlagergeschichte zu schreiben. Dass beispielsweise das sperrige »Luftaufsichtsbaracke« dank Reinhard Meys *Über den Wolken* (1974; Text: Reinhard Mey) und das juristisch vorbelastete »Schweigepflicht« dank Andrea Berg (*Die Gefühle haben Schweigepflicht*, 1995; Text: Norbert Hammerschmidt) alle Einlasshürden überwanden und liedfähig wurden, hätte man nicht gedacht. Ja, selbst Krankheit und Unwohlsein – im Prinzip kein sehr passendes Schlagerthema – schaffen es mitunter, Hitbestandteil zu werden. Wie die quälende Migräne, die auch reimtechnisch kein Selbstläufer ist. Ireen Sheer und ihr Texter Michael Kunze haben das Problem gelöst, in *Und heut Abend hab ich Kopfweh* (1991), das den späten Einfluss des Feminismus auf den deutschen Schlager überdeutlich zeigt: »Ich bin kein Hemd, das man sich auszieht, / wenn man's nicht mehr tragen will, / bin keine Flasche, die man leertrinkt / und dann wegwirft in den Müll, / ich bin auch nicht deine Köchin / und die Frau, die für dich putzt, / ich möcht immer für dich da sein, / doch ich werd nicht gern benutzt. / Und heut Abend / hab ich Kopfweh, / wenn du sagst, / komm doch her, / ich hab Migräne, / weil ich mich sehne, / ich will geliebt sein, / ich will mehr.« Sheers Song erfreut sich bis heute in Radiowunschkonzerten großer Beliebtheit, macht er doch klar, welche Funktion Schlagertexte besitzen. Wenn ein aufrichtiges »Für meinen Mann Erwin wünsche ich mir *Und heut Abend hab ich Kopfweh* von Ireen Sheer« über den Sender kommt, weiß Erwin Bescheid. Auch das niederländische Original *Maar vanavond heb ik hoofdpijn*, gesungen von Hanny, ist übrigens recht hübsch. Komponiert hat es Pierre Kartner, dem auch *Die kleine Kneipe* zu verdanken ist. »Würstchen mit Kraut« (ebenfalls eine rare Kombination im Schlager) werden da in der deutschen Fassung (von Michael Kunze) übrigens gereicht.

Ach ja, und dann ist da noch Andrea Andergast, die außer mir kaum noch einer kennt. Wann habe ich dieses Lied zum ersten Mal gehört? Vermutlich Ende der siebziger Jahre und dann zwei Jahrzehnte nie wieder. *Wenn meine Freunde alle gehen* (1975) heißt es. Ein getragen melancholisches Lied, das von einer Frau erzählt, die, als ihre Freunde den Heimweg angetreten haben, ein wenig traurig durch ihre Wohnung streift und an einen verflossenen Liebsten zurückdenkt, unsicher, was ihre Zuneigung einst ausmachte. Und endlich kommt es zu diesen schönen Versen: »Die Tür fällt leise zu, ich räume / alle Gläser schnell vom Tisch. / Die letzte Platte läuft noch immer, /

und lautlos schwimmt mein Lieblingsfisch.« Lieblingsfisch! Wer hätte das für möglich gehalten? Ein zudem lautlos schwimmender Lieblingsfisch! Was für einer mag es gewesen sein? Ein Perlhuhnbärbling? Eine Keilfleckbarbe? Oder gar ein Guppy-Weibchen? Keine Ahnung, wir müssten Andrea Andergast fragen.

Wenn nicht mehr gesungen wird – *Desiderata* und andere Sprechgesänge

Es ist eine irrige Annahme, dass Schlagersänger immer singen, wenn sie Schlager singen. So gibt es nicht nur hinsichtlich des Gesangs auffallende Qualitätsunterschiede, die daran zweifeln lassen, dass es sich beim Gehörten wirklich um Gesang handelt. Nein, manchmal, in Sternstunden gewissermaßen, stellt sich der hochinteressante Effekt ein, dass Interpreten das Genre wechseln und vom Sänger zum Sprecher mutieren. Die Fachwelt nennt das »Sprechgesang«, ein meist schauerliches Phänomen.

Nehmen wir zum Beispiel Camillo Felgen. Mit ihm bin ich groß geworden, anfangs als er Sprecher bei Radio Luxemburg war, später als er als Moderator des TV-Wettkampfs *Spiel ohne Grenzen* fungierte, bei dem verschiedene kleinere europäische Städte (das bayerische Eichstätt zum Beispiel) in kunterbunten Open-air-Gefechten mit viel Schmierseife gegeneinander antraten. Felgens Fernsehkarriere war wohl der Beweggrund für meine Anteilnahme an seinem musikalischen Schaffen. Als »Camillo« ist er dank *Sag warum* (1959) noch heute vielen Franzosen ein Begriff, und seine Ode an die alternden Mütter, *Ich hab Ehrfurcht vor schneeweißen Haaren* (1972), kann es mit

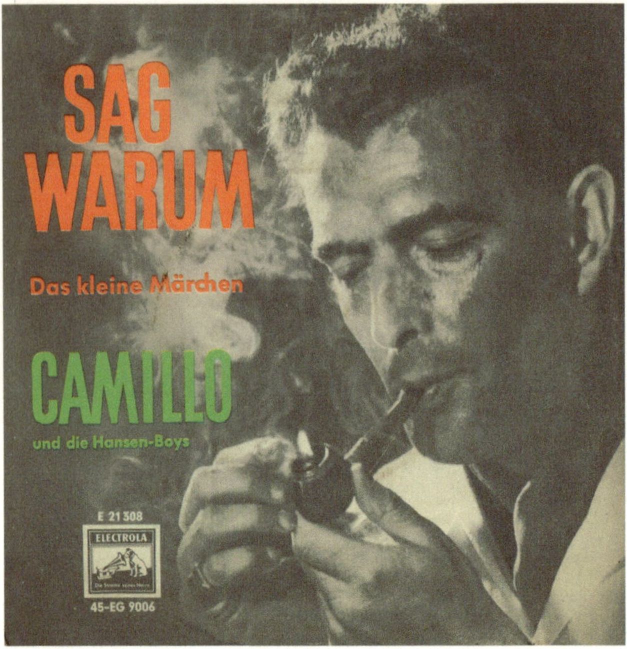

Warum nur hat sie mich verlassen? Das fragte sich Camillo Felgen 1959 in seinem großen (Sprech-)Gesang *Sag warum.* Vielleicht wollte sie nicht von Pfeifenrauchern geküsst werden ...

Heintje getrost aufnehmen. Vor Jahren fing ich, in Zeiten berufsbedingter Abwesenheit, damit an, meine Mutter an ihrem Ehren-, dem Muttertag damit zu beglücken, ihr dieses Camillo-Lied telefonisch nahezubringen: »Ich hab Ehrfurcht vor schneeweißen Haaren, / sie verschönern der Mutter Gesicht. / Und sie krönen die Arbeit von Jahren / und ein Leben voll Treue und Pflicht.« Natürlich hat sich meine Mutter, deren

Haar dunkelblond ist, gegen die Verlogenheit der – von Camillo Felgen – selbst getexteten Andachtsformeln gesträubt, doch lange wollte es mir so scheinen, als wäre ein Muttertag ohne dieses Lied ein verlorener Muttertag für sie gewesen.

Ein anderer Schlager Camillos, *Ferne und Einsamkeit* (1970), besticht gleich am Anfang durch das Stilmittel des Sprechgesangs. Camillo Felgen beginnt sprechend, und zwar mit: »Ich kann mich noch heute an die Worte erinnern, die du mir sagtest, als diese blonde Sirene vorbeiging und ich ihr nachblickte …« Eine unwiderstehliche Frau als »Sirene« zu bezeichnen, das mag unter Gräzisten üblich sein, im Schlager findet sich diese Wendung ausgesprochen selten, und es ist die Erzählform des Sprechgesangs, die diese Sätze wirken lässt, als gefröre einem das Blut in den Adern. Diese Erscheinung ist fast immer zu beobachten, wenn ein Schlager durch aufgesagte Elemente, meist nur schwach von Musik untermalt, an Dramatik gewinnen soll. Was im Fluss des Gesungenen nicht sonderlich auffällt, erfährt jählings einen unbekannten Grad von Peinlichkeit, zumal das Gesprochene oft Lebensweisheiten zu vermitteln sucht.

Die schrecklichen Beispiele sind nicht zu zählen: Peter Alexander ist am furchtbarsten, wenn er mit Wiener Färbung Elvis Presleys *Bist du einsam heut Nacht* spricht (worauf moderne Frauen mit dem Schreckensausruf »Ja – und das gerne« antworten). Michael Holm gibt seinem *Tränen lügen nicht* den tödlichen Kick, wenn er zu einer »Reflexion in Prosa« (so die Literaturkritikerin Julia Schröder) einsetzt: »Sag doch selbst, was wirst du anfangen mit deiner Freiheit, die dir jetzt so kostbar erscheint? Wie früher mit Freunden durch Bars und Kneipen ziehn? Und dann, wenn du das satt hast, glaubst du, das Glück liegt auf der Straße, und du brauchst es nur aufzuheben, wenn dir danach zumute ist? Nein, nein, mein Freund ...« Oder Jürgen Marcus in *Schmetterlinge können nicht weinen* (wussten Sie das eigentlich?). Oder Lale Andersen in einer langen Passage in *Ein Schiff wird kommen*, in der sie gar das Ausblasen von Zigarettenrauch imitiert. Oder Christian Anders in *In den Augen der andern* (»So viele gehen nach kurzer Zeit auseinander, sie haben Küsse bei heißer Musik mit Liebe verwechselt. Wir wollen das nicht tun, wir wollen sicher sein«). Der Sprechgesang ist das Gleitöl des Schlagers, er retardiert und gibt durch den Wechsel der Ausdrucksform das Gewicht des Gesprochenen zu erkennen. Und immer stellt sich bei mir in solchen Momenten eine verlässliche Körperreaktion ein: Eisig, ganz eisig läuft es mir den Rücken hinunter, jedesmal.

Davon zu unterscheiden sind Lieder, die so tun, als sei das gesprochene Gesungene das Normale. Zu diesem Kunstgriff neigen Menschen, die wie Pierre Brice erwiesenermaßen nur hauchen konnten, die wie Jonny Hill (*Ruf Teddybär eins-vier*) mal etwas anderes ausprobieren wollten, wie Bruce Low (*Das Kartenspiel*) zum Balladenerzählen neigen oder aus der Schauspielerei kommen und eher auf eine Sprech- als auf eine Gesangsausbildung zurückblicken. Dazu gehören Horst Frank (*Meine Zeit mit dir*), Heinz Rühmann (*Ich weiß*; *Der Clown*), Curd Jürgens (*60 Jahre und kein bisschen weise*, das auch ein bisschen Gesangsähnliches aufweist, ich weiß) und natürlich mein All-Time-Favourite Friedrich Schütter, der sich als Schauspieler, Theaterdirektor und Synchronsprecher – zum Beispiel als deutsche Stimme von Lorne Greene alias Ben Cartwright (in *Bonanza*) – einen Namen machte. Seine tiefgründig-markante Stimme, die selbst simplen Erkenntnissen automatisch den Anschein von Nachdenklichkeit verlieh, nutzte er, nachzuhören auf der CD *Ein Mensch*, dazu, den Sprechgesang zu kultivieren. Untermalt von schaurigen Backgroundchören, bleibt Schütter konsequent, selbst bei Coverversionen von *Where Have All The Flowers Gone* oder *Eve of Destruction*, ein Sprechender. Schon Titel wie *Wo die Liebe wohnt* oder *Wer lebt neben dir* deuten an, dass es dem Prediger Schütter um gefühlvolle Lebenshilfe geht – oder in seinen eigenen Worten um »Besinnung und Einsicht«. Höhepunkt des Schütter'schen Schaffens ist sicherlich die von Günter Loose angefertigte Eindeutschung von *Desiderata*. Das von dem amerikanischen, aus Deutschland stammenden Rechtsanwalt Max Ehrmann 1927 verfasste Gedicht umfasst Lebensregeln, die in Schütters Version selbst die Zehn Gebote dürftig aussehen lassen: »Sei stolz auf deinen Erfolg und denke auch an deine Karriere. Aber bleibe bescheiden, denn das Schicksal kann sich jederzeit wenden. Sei vorsichtig in deinen Geschäften, denn die Welt ist voller List und Tücke. Aber lass dich trotz allem nicht von deinem Weg ablenken.« Untermalt werden Schütters Weltdeutungen vom aufbrandenden Gesang eines grellen Frauenchors, der aus dem Original zitiert: »You are a child of the universe, no less than the trees and the stars; you have a right to be here. And whether or not it is clear to you, no doubt the universe is unfolding as it should.«*

Das ist Sprechgesang von höchster Güte. Hat man freilich alle vierzehn Ansprachen in Schütters *Ein Mensch* gehört, tritt Erschöpfung ein, und man ist versucht, der Welt des Schlagers für ein paar Wochen den Rücken zu kehren. Obwohl … ken-

* »Du bist ein Kind des Universums, nicht weniger als die Bäume und die Sterne: Du hast ein Recht, da zu sein. Und ob es dir nun bewusst ist oder nicht: Ganz sicher entfaltet sich das Universum so, wie es ihm bestimmt ist.«

nen Sie die deutsche Fassung des durch die Duos Mina & Alberto Lupo und Dalida & Alain Delon berühmt gewordenen *Paroles … Paroles …*? Friedrich Schütter hat sie, zusammen mit Dalida, aufgenommen, doch all seine rhetorisch ausgefeilten Liebesbekundungen (»Es ist seltsam: Du bist für mich wie die Sonne, chérie, du gibst mir das Leben.«) fruchten nichts: Die lebenserfahrene Dalida hat genug von den »Worten, nur Worten«.

Wenn selbst der gesprochene Schlager nicht hilft, bleibt am Ende (auch dieses Buches) wohl nur das Schweigen. Eine interessante Lösung, auch wenn Howard Carpendale (in *Dann geh doch*) mal wieder anderer Meinung ist: »Unser Schweigen allein kann die Antwort nicht sein.« Wieso eigentlich nicht? Instrumentals können auch schön sein.

Nein, zurück zu den Worten, das letzte soll der Dichter haben, Peter Handke am besten (aus *Gestern unterwegs. Aufzeichnungen November 1987 – Juli 1990*): »Als ob man, wenn man alles durchdacht hätte, wieder bei den Schlagertexten ankommen würde.«

Lektüretipps

Bandur, M.: Schlager. In: Handwörterbuch der musikalischen Terminologie. 19. Lfg. Wiesbaden 1991. S. 1–12.

Bardong, M. u. a. (Hrsg.): Das Lexikon des deutschen Schlagers. München [2]1993.

Helms, S. (Hrsg.): Schlager in Deutschland. Beiträge zur Analyse der Popularmusik und des Musikmarktes. Wiesbaden 1972.

Herrwerth, T.: Katzeklo & Caprifischer. Die deutschen Hits aus 50 Jahren. Berlin 1998.

Kraushaar, E.: Rote Lippen. Die ganze Welt des deutschen Schlagers. Reinbek 1983.

Lücke, M. / Grabowsky, I.: Die 100 Schlager des Jahrhunderts. Hamburg 2008.

Matheja, B.: Listenreich. Die ultimativen Rock-, Pop- und Schlagertabellen. Höfen (Österreich) 2001.

Moritz, R.: Schlager. Kleine Philosophie der Passionen. München 2000.

– Und das Meer singt sein Lied. Hamburg 2004. (Neuausgabe 2012)

– Ein Lied kann eine Brücke sein. Die größten Hits aus dem Südwesten. Freiburg 2024.

Pfarr, Ch.: Ein Festival im Kornfeld. Kleine deutsche Schlagergeschichte. Leipzig 1997.

Rösgen, P. (Hrsg.): Melodien für Millionen. Das Jahrhundert des Schlagers. Bielefeld 2008.

Sperr, M. (Hrsg.): Schlager. Das Große Schlager-Buch. München 1978.

»Meys Lieder sind Feier des Gelungenen wie Einspruch gegen das Schlechte. Wovon handeln sie? Von der Liebe zwischen Asphalt und Wolken. Von den Widrigkeiten des Alltags. Vom ganzen Leben.«

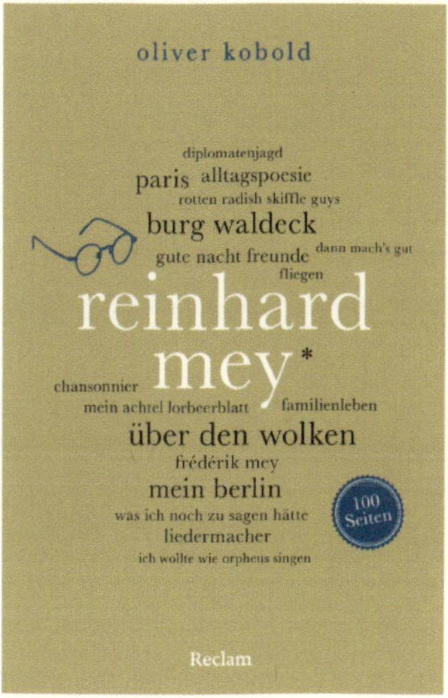

Oliver Kobold

Reinhard Mey. 100 Seiten

100 S. · 17 farbige Abb., 1 Schaubild

Broschiert

11,4 × 17 cm

ISBN 978-3-15-020676-8

Reclam reclam.de